As Leis da Imortalidade

As Leis da Imortalidade

O Despertar Espiritual
para uma Nova Era Espacial

Ryuho Okawa

IRH Press do Brasil

Copyright © Ryuho Okawa 2012
Título do original em japonês: Fumetsu-no-Hō
Título do original em inglês: *Secrets of the Everlasting Truths – A New Paradigm for Living on Earth*

Tradução para o português: Francisco José M. Couto
Edição: Wally Constantino
Revisão: Agnaldo Alves e Laura Vecchioli
Diagramação: José Rodolfo Arantes
Capa: Maurício Geurgas
Imagem de capa: Dreamstime

IRH Press do Brasil Editora Limitada
Rua Domingos de Morais, 1154, 1º andar, sala 101
Vila Mariana, São Paulo – SP – Brasil, CEP 04010-100

Nenhuma parte desta publicação poderá ser reproduzida, copiada, armazenada em sistema digital ou transferida por qualquer meio, eletrônico, mecânico, fotocópia, gravação ou quaisquer outros, sem que haja permissão por escrito emitida pela Happy Science – Ciência da Felicidade do Brasil.

1ª edição
ISBN: 978-85-64658-06-6
Impressão: Paym Gráfica e Editora Ltda.

SUMÁRIO

APRESENTAÇÃO DO EDITOR 9

PREFÁCIO 11

PRÓLOGO: DESCUBRA O UNIVERSO NO INTERIOR DO SEU CORAÇÃO 13
O Que É o Coração? 13
O Mundo da 3ª Dimensão É Como uma Gota d'Água 17
Como o Universo Começou 19
Para Encontrar Deus no Seu Interior, Ame os Outros 22
Descubra o Universo em Seu Coração 26
A Iluminação É a Suprema Felicidade de Se Tornar Uno com Deus 31

CAPÍTULO 1: INTRODUÇÃO À ESPIRITUALIDADE E
RELIGIOSIDADE PARA O FUTURO 35
A Elevada Fé e a Espiritualidade dos Brasileiros 35
Preconceitos contra a Religião 37
Os Ensinamentos Que Ligam as Diferentes Religiões 42
Uma Tarefa Importante para os Espiritualistas 45
Desenvolvendo uma Correta Fé 48
Despertemos Como Povo da Terra 53

CAPÍTULO 2: O MUNDO ESPIRITUAL E OS MILAGRES 59
Muitos Milagres Estão Ocorrendo Através
da Happy Science 59
A História Está Repleta de Milagres 63
A Fé É a Chave para Manifestar os Milagres 74
Outros Milagres do Cristianismo e do Budismo 77
A Fé Nos Protegerá contra os Desastres 79
A Verdade sobre o Exorcismo 82
A Fé Tem o Poder de Nos Livrar do Mal 83

CAPÍTULO 3: UMA NOVA ERA DE ESPIRITUALIDADE 87
A Restauração da Espiritualidade no Mundo Atual 87
Sucessivos Fenômenos Místicos São a Prova
dos Milagres 91
Os Milagres São a Resposta de Deus aos Que Têm Fé 95
Despertar para a Espiritualidade Não É
Coisa do Passado 98
Leituras Espirituais Revelam Memórias dos
Extraterrestres 101

O Uso do Poder Espiritual para Realizar Exorcismos e
Curar Doenças 103
O Poder da Fé Pode Superar o Pensamento Materialista 107

Capítulo 4: O Despertar Espiritual para a Nova Era Espacial 109

Aprendendo sobre os Extraterrestres 109
Método de Leitura Espiritual de Extraterrestres 111
O Poder da Clarividência 116
Extraterrestres Revelam os Segredos da
História do Gênesis 118
As Origens da Vida Humana e Animal 121
Relato de uma Pessoa Que Já Viveu Como Extraterrestre 124
A Happy Science e os Segredos do Universo 126

Capítulo 5: A Hora da Salvação É Agora 133

O Desafio de Guiar as Pessoas do Mundo Todo 133
A Solução dos Conflitos Religiosos 138
Ao Crer na Verdade Universal, o Mundo Se Unificará 140
Abrindo o Caminho para a Humanidade do Futuro 142

Posfácio 147
Sobre o Autor 149
Sobre a Happy Science 151
Contatos 154
Outros Livros de Ryuho Okawa 159

O conteúdo deste livro foi compilado das seguintes palestras:

Prólogo: Descubra o Universo no Interior do Seu Coração
[Kokoro no Naka no Uchū]
21 de maio de 1998 no Utsunomiya Buppōkan, em Tochigi, Japão

Capítulo 1: Introdução à Espiritualidade e Religiosidade para o Futuro – O Que Será Preciso para se Viver Como Ser Humano
[Sekai Shūkyō Nyūmon: Chikyūjin e no Paradaimu Shifuto]
4 de dezembro de 2010 na Arena Yokohama, em Kanagawa, Japão

Capítulo 2: O Mundo Espiritual e os Milagres
[Reikai to Kiseki]
17 de abril de 2011 no Templo Kokura, em Fukuoka, Japão

Capítulo 3: Uma Nova Era de Espiritualidade
[Reisei no Jidai e]
13 de julho de 2011 na Sede Geral, em Tóquio, Japão

Capítulo 4: O Despertar Espiritual para a Nova Era Espacial
[Uchū Jidai e no Mezame]
6 de agosto de 2011 na Sede Geral, em Tóquio, Japão

Capítulo 5: A Hora da Salvação é Agora
[Kyūsei no Toki wa Ima]
10 de julho de 2011 no Makuhari Messe, em Chiba, Japão

APRESENTAÇÃO DO
EDITOR

Você sabia que milagres ocorrem o tempo todo à nossa volta? Em *As Leis da Imortalidade – O Despertar Espiritual para uma Nova Era Espacial*, o mestre Ryuho Okawa apresenta uma extraordinária variedade de milagres que aumenta todos os dias. Este livro revela as razões e como ocorrem os fenômenos espirituais. Quando você descobrir esses segredos, sua visão de si mesmo e do mundo será modificada de forma surpreendente e para sempre.

Milagres e ocorrências espirituais dependem não só do Mundo Celestial, mas sobretudo do *poder de nossa mente – do poder da fé*. Existem de fato leis espirituais eternas, e essas leis moldam o nosso mundo e os mundos além deste que conhecemos. É o nosso conhecimento dessas leis e a nossa crença no invisível que nos possibilitarão resolver os problemas deste mundo e manter o planeta inteiro unido. Estamos na iminência de nos unirmos sob uma identidade comum como povo da Terra, e de criarmos uma nova era – uma era de espiritualidade –, que vai trazer felicidade e prosperidade para todo o planeta pelos milhares de anos que estão por vir.

Em breve, os mecanismos das leis espirituais farão parte da física avançada, e a medicina não será mais capaz de negar a alma como parte essencial para se obter a cura. Também estamos começando a descobrir verdades que mudarão o mundo em relação aos extraterrestres e à profunda ligação da Terra com eles. De fato, todo o nosso planeta vai experimentar uma mudança de princípios decisiva em relação à natureza do conhecimento e da verdade. Essa mudança vai levar a uma nova era de incontestável espiritualidade – no futuro, até mesmo a ciência vai requerer conhecimento espiritual! As soluções para os problemas atuais – ambientais, políticos, científicos, tecnológicos, econômicos e religiosos – estão *no interior de nossos corações*. Nestas páginas, você vai descobrir as verdades espirituais que revelam o mundo infinito de possibilidades ocultas dentro de nossa mente. *A porta para o nosso futuro está exatamente em nosso interior.*

PREFÁCIO

Tenho experimentado milagres em cada momento de minha vida.
Venho seguindo por um caminho único,
Desde que descobri o quanto é importante
Para as pessoas de hoje
Valorizar cada dia,
Adquirindo conhecimento sobre a Verdade reluzente,
Que só pode ser encontrada
Nos nossos sonhos e na nossa imaginação.

Tem sido minha missão oferecer ensinamentos espirituais
Que irão guiar as pessoas desta era
Pela vida afora.
Tenho como missão
Deixar mensagens valiosas
Para as futuras gerações.

Estou abrindo o caminho para uma nova era de
espiritualidade,
E despertando as pessoas para a chegada iminente
De uma nova era espacial.

Por meio de minhas obras,
Visualizo dentro do meu coração,
Que sou como o Buda da atualidade,
Que está disposto a entregar sua própria vida
Pelo bem da Verdade.

A jornada de transmissão da Verdade nunca termina.
Não há um dia sequer em que eu não sinta
As lágrimas em meu coração,
Como se fosse um vento que sopra uma grandiosa
misericórdia.

Por isso, agora, preciso transmitir a vocês
As Leis da Imortalidade.

Ryuho Okawa
Dezembro de 2011

PRÓLOGO

*Descubra o Universo
no Interior do Seu Coração*

O Que É o Coração?

Por meio de inúmeros ensinamentos,
Tenho explicado em profundidade como devemos pensar
Em relação à vida, ao mundo e a muitos outros assuntos.
Por isso, espero que vocês mergulhem profundamente
Nestes ensinamentos,
A fim de tentar
Compreender o verdadeiro significado do que é o coração.

Ao estudar esses ensinamentos,
Em que transmito sobre o universo do coração,
Busquem compreender o verdadeiro sentido das palavras:
Façam delas suas próprias palavras,

Como se vocês verdadeiramente tivessem experimentado
A sua própria iluminação espiritual.

A medicina moderna e o conhecimento convencional
Pensam que a mente é apenas uma manifestação da
atividade cerebral.
Mas estão enganados;
Após pesquisar muitos anos sobre o mundo espiritual,
Descobri o contrário.
A verdade é que o funcionamento da mente
Não depende do cérebro.
Em minhas pesquisas espirituais, comprovei que,
Mesmo após o corpo humano parar de funcionar,
Mesmo após ele ser queimado até virar cinzas,
Mesmo após deixarmos esta vida,

Continuamos a pensar de acordo com a nossa
personalidade,
Da mesma forma que fazíamos antes de nascer.

O *cérebro*, portanto, é apenas *um instrumento da mente*.
O cérebro é apenas um canal
Que realiza o trabalho emanado pelo coração,
De forma suave, acurada e rápida.
Assim, quando o canal ou instrumento que é nosso
cérebro

PRÓLOGO

Cessa de trabalhar adequadamente,
O trabalho mental
Simplesmente se torna imperceptível do lado de fora.

Sem dúvida, muitos de vocês vão experimentar
Uma grande mudança na forma de ver a vida,
Quando se conscientizarem de que somos seres
espirituais imortais,
Pois continuamos a viver
Até mesmo depois que nosso corpo se desvanecer.

Descobrir que continuamos a ter nossos pensamentos e
emoções,
Exatamente como quando estávamos vivos,
Deve produzir um impacto como a revolução de
Copérnico,
Que mudou definitivamente a forma como as pessoas
viam o mundo.

Às vezes, devemos seguir o exemplo de Colombo,
Que teve a ideia revolucionária
De navegar em torno do mundo para oeste em busca da
Índia.
Ele nos mostrou que há momentos
Em que devemos pensar de maneira não convencional.

Precisamos parar de estudar somente o aspecto físico.
Em vez disso, precisamos nos aprofundar no espírito,
Porque estudando somente o aspecto material
Não será possível compreender como funciona a mente.

Somente mergulhando no coração
E compreendendo o que ali existe
Poderemos aprender o funcionamento da mente.

Isso significa que precisamos mudar
O modo de pensar,
E o modo como as pessoas têm pensado.
É preciso reaprender a pensar e a mudar a consciência sobre as coisas.

O ensinamento escolar e profissional
Com o tempo vai formando o ego.
Na forma de pensar do ocidental,
O ego é algo necessário,
Algo que se deve formar,
Pois será útil para a pessoa.
Ensina que é preciso desenhar uma clara linha
Entre nós mesmos e os outros,
E assumirmos a responsabilidade pela nossa própria vida.

Essa forma de pensar não é inteiramente errada,

Prólogo

Pois isso é apenas uma parte da verdade.
Está mostrando apenas a verdade parcial.
A educação conduz para formação de um ego
Que se baseia *apenas* neste mundo material.

Ao formar o ego,
O eu e os outros não deveriam ser separados completamente.
A mente se encontra bem no interior do coração,
E lá nas profundezas do coração está conectada a um mundo muito mais amplo.
Por isso, o "eu" não pode ser separado desse amplo mundo interior.

O Mundo da 3ª Dimensão É Como uma Gota d'Água

Atualmente, os seres humanos podem observar o macrocosmo
Através de um telescópio,
E também são capazes até mesmo explorar o espaço sideral em uma espaçonave.
Mas é preciso estar consciente de que o universo captado pelos olhos carnais
Não é tudo o que existe.

Se você esvaziar um copo de água em uma espaçonave com gravidade zero,

As Leis da Imortalidade

Essa água se tornará uma esfera e ficará flutuando.
Olhando de uma perspectiva superior,
Aos olhos do Deus criador do grande universo,
O Deus Primordial,
Este universo tridimensional
Parece exatamente como aquela gota de água que flutua
na gravidade zero.

Agora, imaginem que no interior dessa gota
Vivem incontáveis microrganismos invisíveis
Viajando pelo universo dela.
Esse universo que vemos à nossa volta
É semelhante ao que aqueles microrganismos veem
De dentro dessa gota de água.
Nós somos como esses microrganismos.

O Deus Primordial,
Que se encontra em uma dimensão mais elevada,
Vê este universo em que nos encontramos,
Que inclui a nossa gigantesca Via Láctea,
Como uma pequena gota de água, ou uma bolha de sabão
Flutuando dentro de um universo muito maior.

E nesse grande universo
Existem incontáveis "bolhas de sabão" semelhantes
Flutuando por toda a volta.

Prólogo

Nunca saberemos exatamente quantos
Desses pequenos universos tridimensionais existem,
E como é o mundo maior do qual eles fazem parte,
Porque isso está simplesmente
Muito além do alcance da compreensão humana.

Tentar compreender isso
Seria como o esforço de uma minúscula formiga
tentando entender
Completamente o mundo dos seres humanos.
Então, na verdade, essa bola de sabão, essa gota de água,
Esse mundo em que vivemos,
Nada mais é que um mundo fechado.
O mundo que vai além do microcosmo em que vivemos
Supera os limites da nossa imaginação e é impossível de
captar.

Como o Universo Começou
De acordo com os astrofísicos,
O universo começou há muito tempo –
Cerca de quinze bilhões de anos atrás –,
Quando ocorreu o Big Bang.
Hoje as pessoas acreditam
Que o universo ficou do jeito que é
Quando um simples ponto explodiu
E começou a se expandir infinitamente.

As Leis da Imortalidade

Em meu livro *As Leis do Sol*,
Eu revelo que o Big Bang de fato ocorreu
Quarenta bilhões de anos atrás.
Essa é realmente a Verdade.

Alguns têm criticado a teoria do Big Bang,
Dizendo que ela é teoricamente impossível:
Como poderia um ponto no espaço
Ter começado espontaneamente a se expandir
infinitamente
Quinze bilhões de anos atrás,
Quando não existia nenhum lugar e nem espaço?

Em resposta a essa questão,
Os astrofísicos desenvolveram a teoria da inflação,
Que diz que o Big Bang não foi a única coisa
Que criou o universo,
Mas que o universo se expandiu rapidamente em seus estágios iniciais;
Essa expansão rápida teria causado uma explosão –
o Big Bang –
E então o universo continuou a crescer.

Outros físicos sugerem que não foi uma expansão linear,
Mas uma expansão por meio de flutuações.
Mas essas teorias apenas evitam a questão real

Prólogo

E mostram que os cientistas ainda não compreendem a Verdade.

Do ponto de vista do Deus Primordial,
Esse universo se mantém inflando rumo ao infinito,
E no meio dessa expansão
Os universos não passam de pequeninas gotas de água.
Quando Ele olha dentro dessas gotículas,
Vê pequenas criaturas se ocupando em refletir
Sobre a forma como a gotícula em que vivem foi criada.

Somos pequenas criaturas
Que acreditam ter capacidade semelhante à de Deus,
Que acham que podem compreender as questões divinas
Sobre as quais apenas Deus pode se aprofundar.

O universo é infinito.
A existência do universo
Surgiu num passado infinitamente remoto
E se estende para um futuro também infinito.
É assim porque o universo existe
Dentro do pensamento do Deus Primordial.
Esse mundo tridimensional se manifestou e se materializou
Devido à Vontade e aos pensamentos do Deus Primordial.

As Leis da Imortalidade

Esse mundo tridimensional foi concebido
Pelo Deus Primordial, o Buda Criador,
E tudo o que existe dentro dele –
Todas as criaturas, todos os seres humanos –
Possuem dentro de seus corações
Um fragmento da luz do Deus Primordial.

Para Encontrar Deus no Seu Interior, Ame os Outros

O objetivo de tentar estudar e compreender a mente
É para encontrar esse fragmento da Luz do
Deus Primordial –
Dentro de nós.

Existem duas maneiras de buscar por essa luz interior.
Uma é remover a ideia de que somos separados dos outros
E compreender que eu e os outros
Somos unos, de fato, o mesmo.
Podemos perceber muitas diferenças entre as pessoas,
E separá-las em eu e os outros,
Pessoas deste país e pessoas daquele país,
Da raça branca, amarela e negra,
Mas somos todos seres humanos.

Os diferentes tipos de pessoas

Prólogo

Nada mais são que variações da luz divina,
Tal como a luz que se separa em raios de sete cores
Quando passa por um prisma.
Na verdade, esse é o resultado
Da grandiosa Vontade que diz:
"Seres humanos, existam!".

Quando nos conscientizarmos desta verdade,
Eu e os *outros* nos tornaremos unos,
E quando mostrarmos em nossas ações
Que despertamos para essa consciência de que somos um só,
Essas ações estarão preenchidas de amor.

O que é o amor?
Amor é dedicar-se e servir os outros.
Amar é doar-se para as pessoas.
É o amor que se dá incondicionalmente.

Praticar o *"amor que se dá"*
Não significa simplesmente amar os outros
Assim como amamos a nós mesmos.
É preciso ter vontade de dar ainda mais amor,
Maior e mais forte.
Devemos desejar que a pessoa se torne ainda melhor
do que nós.

Assim como queremos nos tornar pessoas melhores,
Também devemos querer que os que nos cercam cresçam,
E devemos querer que nossa sociedade prospere e melhore.
Esse tipo de amor é conhecido como "amor que nutre".

Mas quando todas essas existências de diferentes personalidades
Passam a conviver juntas nesse mundo,
Surgem muitas lutas, confrontos,
Diferenças de opinião,
Queixas, insatisfações,
Desejos não realizados,
E apegos,
Que resultam em sofrimentos.

No entanto, é possível superar tudo isso
Ao entrar em sintonia com o Coração do Deus Primordial.
Quando conseguirmos eliminar a barreira
Que nos separa dos outros,
Daí surgira o perdão.
Esse é o "amor que perdoa".

O "amor que perdoa" é um amor mais elevado espiritualmente.
Se não possuir um coração generoso,
Que seja suficientemente grande para aceitar muita gente,

Prólogo

Não será possível superar o "eu"
Nem os conflitos que surgem
Entre o nosso ego e o dos outros.

É muito importante que se pratique o "amor que nutre",
Mostrando aos outros a diferença entre o certo e o errado,
Corrigindo o mal
E encorajando a retidão.
Posteriormente, quando alcançarmos uma consciência
espiritual mais elevada,
Obteremos a capacidade de olhar para além do certo e
do errado,
E almejar criar um mundo onde todos consigam
perdoar-se mutuamente.
Esse é o despertar espiritual, a iluminação obtida através
da religião.

E ao avançar mais profundamente nesse estado espiritual,
Compreenderemos que, ao nascermos na Terra,
Devemos nos tornar extensão das mãos e os pés de
Deus, ou Buda,
Tornando-nos parte da Sua grandiosa luz
Com um coração que ilumine o mundo
Como se fosse uma graciosa brisa que se move pelo
mundo
Iluminando a era em que vivemos.

As Leis da Imortalidade

Existe um estado de coração ainda mais elevado,
De completo desapego às coisas terrenas,
No qual a pessoa devota a sua própria vida
Para irradiar luz neste mundo,
O qual chamo de "amor personificado".

Uma pessoa que vive dessa maneira é uma fonte de luz.
A sua presença nos faz sentir
Que o próprio Deus, ou parte Dele, Buda,
Está encarnado na Terra,
Vivendo conosco nesta era.
É o próprio amor em forma de pessoa,
O "amor personificado".
Quando pensarmos no amor como um princípio para nossas ações,
Seremos capazes de superar a barreira entre nós e os outros.

Descubra o Universo em Seu Coração
Há outro método de se estudar a mente, que é
Olhar para o universo que se encontra no interior
do seu coração.

Em vez de ficar absorto
Pensando na relação existente entre você e os outros,
Ou na sua relação com o *mundo*,

Prólogo

Olhe bem no fundo de seu próprio ser
E descubra o universo no seu coração.
Quando descobrirmos esse lado interior,
Que se conecta a um mundo infinito,
Alcançaremos um estado de profunda iluminação.

Como podemos explorar esse infinito mundo do "eu" interior?
Primeiramente, é preciso compreender
Que a educação, a formação profissional e experiências
São apenas maneiras úteis de ajudar
A abrir um caminho para a vida nesta Terra.
Portanto, é necessário ter vontade
De abandonar essa concha
Formada pelo ego
E entrar profundamente no seu mundo interior.
No budismo, diz-se que esse mundo interior
É o mundo de ausência do ego.

No entanto, na vida cotidiana
É extremamente difícil
Entrar nesse estado de ausência do ego.
Por isso é muito importante praticar meditação.

Cesse todas as atividades terrenas,
Interrompa o turbilhão de pensamentos,

Acalme as ondas de sua mente,
Fazendo com que ela fique serena como a superfície de
um lago tranquilo,
E, assim, entre num estado meditativo,
Num profundo estado de ausência do ego.

Um ego endurecido
É exatamente como uma grande onda que se levanta em
um lago,
Parecendo ter personalidade própria.
Em um estado de ausência do ego, por outro lado,
Essas ondas se acalmam,
Como num lago pacífico
Que repousa completamente parado.
Todas as ondas diminuíram tanto,
E a superfície se tornou tão calma,
Que as ondas se unificaram ao lago.
As ondas e o lago tornam-se uma só entidade.

Cada onda desse lago é como uma manifestação do ego.
Quando todas as ondas do ego se acalmarem,
Entraremos num mundo infinito ausente de ego.
E quando observar profundamente
Dentro da serenidade do coração,
Lá, dentro desse lago,
Conseguirá ver o universo criado por Deus.

Prólogo

Lá no seu interior, perceberá que há um caminho
Que se interliga com a quarta, quinta, sexta, sétima,
oitava
E nona dimensões e a outros mundos mais distantes
ainda.

No entanto, enquanto estiver vendo esses caminhos,
Significa que você ainda está consciente do seu eu.
Quando atingir um estágio de desenvolvimento
espiritual mais elevado,
Você verá que somos parte do Universo,
E que estamos ajudando a formá-lo.

Ao explorarmos o Universo interior,
Nós nos tornaremos conscientes
De que somos parte desse Universo –
Que somos fragmentos de luz
Que, através da Vontade de Deus fluindo por nós,
Dão forma a este Universo.

Tornamo-nos conscientes de que isso é verdade para
todo mundo,
E que também é verdade para este mundo na Terra,
Para a quarta, quinta e sexta dimensões,
E para todas as outras dimensões mais elevadas
Que compõem o outro mundo.

AS LEIS DA IMORTALIDADE

O mundo para onde vamos, em nossa vida após a morte,
Manifesta-se conforme o pensamento e a Vontade de
Deus, o Buda Eterno.

Deus é luz.
A luz às vezes aparece como partículas,
Às vezes como ondas.
Quando a luz se manifesta em forma de partículas,
dá origem à matéria.
Quando a luz surge em forma de ondas,
É manifestação do pensamento ou da vontade.

Quando a mente de Deus, o Buda, se condensa em um único ponto,
Transforma-se em matéria,
Transforma-se em seres humanos,
Transforma-se no planeta Terra,
Criando o universo tridimensional.

Quando a mente de Deus
Não está concentrada numa partícula,
Mas manifesta-se em forma de ondas eletromagnéticas,
Elas se tornam vibrações espirituais de pensamentos e vontades
Que fluem e permeiam todo o universo.
Esse é o segredo do "Grande Universo".

Prólogo

A Iluminação É a Suprema Felicidade de Se Tornar Uno com Deus

O mundo espiritual ensinado pela religião
Vai muito além do conhecimento da ciência mais avançada.
Por isso, diz-se que a religião é a ciência da Verdade.
Essa é a razão por que é valioso adentrar no nosso universo interior,
O mundo que existe dentro do nosso coração espiritual.

Primeiramente, apoiando-nos no princípio do amor,
Devemos transpor a barreira que nos separa das outras pessoas.
Isso significa que cada um de nós deve se tornar uno com os outros.

Então, por meio da técnica de anular a influência do ego,
Método conhecido e praticado no Budismo
Para se libertar dos apegos mundanos,
Seremos capazes de mergulhar nas profundezas de nosso coração,
E adentrar no coração de Deus, no coração do Buda Eterno.

E será justamente nesse momento
Que todos nós nos tornaremos unos com o Universo.
O Universo será vocês,
E vocês serão o Universo.

Quando atingir esse estado de consciência espiritual,
Será capaz de experimentar a máxima felicidade possível
neste mundo,
Uma felicidade duradoura,
Uma felicidade profunda,
Que permanecerá conosco por muito e muito tempo.

É com o objetivo de alcançar
Essa suprema felicidade através da iluminação
Que os seres humanos reencarnam
Centenas ou até milhares de vezes.

Quando você tiver provado
Dessa suprema felicidade chamada iluminação,
A felicidade deste mundo material não vai mais atrair o
seu interesse
E desaparecerá completamente.
Diante da felicidade da iluminação,
Até mesmo as glórias deste mundo
Deixarão de ter importância
E desvanecerão como a neve na primavera.

A felicidade está ao alcance de todas as pessoas.
É possível ser feliz
Através do estudo sobre o coração, a mente,
Ao despertar para o Universo Interior.

Prólogo

Tenho transmitido diferentes ensinamentos
A fim de lhes mostrar os diferentes ângulos desta complexa Verdade.
Tenho me dedicado a desvendar os segredos do universo do coração.

Vocês devem buscar o universo dentro de seus corações,
Pois é daí que surgirá a verdadeira felicidade.

Capítulo 1

INTRODUÇÃO À ESPIRITUALIDADE E RELIGIOSIDADE
PARA O FUTURO

O Que Será Preciso para se Viver Como Ser Humano

A Elevada Fé e a Espiritualidade dos Brasileiros

Em novembro de 2010, realizei cinco palestras durante uma viagem de uma semana em missão ao Brasil. Os brasileiros que ouviram minhas palestras demonstraram um nível de consciência espiritual surpreendentemente elevado. Fiquei impressionado com a profundidade de suas perguntas e comentários sobre os ensinamentos que transmiti.

Embora os brasileiros vivam do lado oposto do globo em relação ao Japão, onde em geral realizo minhas palestras, percebi que eles captam a essência da Verdade

As Leis da Imortalidade

Divina da mesma forma como os japoneses ou até mais profundamente ainda. Publiquei mais de oitocentos livros em japonês, mas apenas dez foram traduzidos para o português[1], além de alguns artigos que são traduzidos e publicados na revista mensal *Happy Science*. Isso indica que a compreensão dos brasileiros acerca das Verdades, apesar dos nossos poucos livros traduzidos, tem origem na espiritualidade e na forte fé da população. Senti que as fortes bases de sua fé elevaram o nível geral de sua espiritualidade.

Essa foi a primeira vez que falei para uma plateia brasileira. Como a maioria da população brasileira é de origem cristã, fiquei genuinamente surpreso com o fato de compreenderem tão facilmente nossos ensinamentos espirituais fundamentais. E não foram apenas aqueles que já eram membros da Happy Science que entenderam meus ensinamentos; o público em geral compreendeu-os tão bem quanto os membros. Muitos me ouviram falar pela primeira vez; no entanto, cerca de 80% desses participantes em minha palestra afiliaram-se à Happy Science na hora. Considerando esse acontecimento no Brasil, penso que ainda temos muito trabalho de difusão e espiritualização a fazer no Japão.

Quando realizo palestras no meu país, onde predominam o materialismo, o ateísmo e pontos de vista mais

---

1. Até dezembro de 2011.

esquerdistas, as pessoas têm uma tendência a manifestar preconceito contra religião, e, portanto, com frequência são mais resistentes a aceitar ensinamentos espirituais e religiosos. Geralmente tenho de iniciar por uma abordagem mais simples e superficial. É preciso combater esses preconceitos contra a religião antes mesmo de começar a transmitir os meus ensinamentos. Preciso guiá-los passo a passo, o que requer um grande esforço. Mas quando me dirijo para um público que possui muita fé, sinto que a transmissão de minhas mensagens flui mais facilmente. Achei isso surpreendente.

Preconceitos contra a Religião

Segundo informações da matriz internacional da Happy Science, além do Japão existem países onde é muito difícil fazer o trabalho de difusão dos ensinamentos, tal como os Estados Unidos e a Coreia do Sul.

No primeiro caso, parte da dificuldade vem do fato de que é uma nação cristã. Além disso, parece que os americanos sentem que seu país é culturalmente superior às outras nações, o que os torna mais resistentes a aceitarem e se devotarem a um ensinamento religioso de origem asiática. Apesar disso, o número de membros da Happy Science nos Estados Unidos vem crescendo gradativamente.

Na Coreia do Sul, creio que a questão provavelmente seja de origem política. Sabe-se que a população sul-coreana nutre sentimentos negativos em relação ao Japão por causa das lutas políticas entre os dois países. Essa situação na Coreia torna muito árduo o trabalho missionário de difusão e espiritualização realizado pela Happy Science, devido ao preconceito de ser uma organização religiosa fundada no Japão.

Quanto ao Japão, sempre foi um dos lugares mais difíceis para a divulgação da Verdade, a despeito de minhas numerosas palestras por lá. É como se minhas mensagens não alcançassem o coração dos japoneses, não importa quantas vezes eu fale. Isso é tão difícil quanto cavar um túnel sob a terra. Por causa disso, ainda vai levar algum tempo para expandir a Verdade por todo o Japão.

Como já mencionei antes, o povo japonês tem uma forte tendência de duvidar ou desaprovar assuntos religiosos e espirituais. Quando eles ouvem a palavra "religião", automaticamente reagem de maneira negativa e imediatamente a rejeitam. Além do mais, eles acreditam que é errado praticar ou discutir abertamente religião. Essa visão preconceituosa cria uma barreira que os impede de ouvir o que temos a transmitir de coração aberto.

Na Coreia do Norte e na China também existe uma barreira semelhante em relação à religião devido ao ponto de vista político. Pode não ser tão espessa, mas essa barreira semelhante persiste no Japão e obstrui a visão das pessoas, impedindo-as de ver claramente.

Introdução à Espiritualidade e Religiosidade para o Futuro

No entanto, independentemente de como as pessoas se comportam em relação à religião, apenas uma verdade prevalece: o mundo espiritual existe. As religiões ao redor do mundo ensinam que o mundo da vida após a morte, ou o mundo espiritual, existe; que Deus (o qual às vezes chamamos de Buda) e os anjos que o assistem no outro mundo existem; e que o mundo espiritual de uma maneira geral é dividido entre Céu e Inferno. Todas as grandes religiões concordam com essas ideias comuns.

Quase todas as religiões do mundo também afirmam que, quando as pessoas deixam este mundo, seu destino no outro mundo depende de como elas viveram a vida, o que determinará se irão ao Céu ou ao Inferno, de acordo com os padrões da religião que seguem (ou seja, depende do que cada religião considera "certo").

No Japão, a maioria das pessoas não acredita na vida após a morte. Acreditam que a vida é finita e que sua existência desaparece após umas poucas décadas na Terra. Essa crença persiste em razão da educação materialista que receberam e da influência dos meios de comunicação.

Tenho usado frequentemente a palavra "revolução" para descrever as mudanças que precisam ocorrer no Japão. Naturalmente, a revolução a que me refiro não é uma revolução armada, mas sim espiritual. Precisamos fazer uma revolução espiritual para estabelecer o que é certo e mudar para aquilo que precisa ser.

O Japão precisa se conscientizar e se preparar para assumir a responsabilidade de ser o país originário de meus ensinamentos sobre a Verdade Espiritual. Por isso, agora, tem como missão se tornar um país que proporciona e transmite esses novos ensinamentos para o resto do mundo. Para cumprir esse papel, o povo japonês precisa elevar seu nível de fé e espiritualidade, para que possa transmitir minhas mensagens para as pessoas do mundo todo. É urgente que efetuemos tal revolução espiritual no Japão.

Desde dezembro de 2011, os ensinamentos que transmito já alcançaram mais de 90 países. É só uma questão de tempo para que esse número venha a se expandir para 100, 150 ou 200 países. Pode levar ainda alguns anos, acredito que cerca de dez. Estou certo de que as pessoas do mundo todo ficariam chocadas ao saber que os japoneses consideram normal não acreditar em Deus. Muitos nem sequer pensariam que o Japão é, de fato, um país de consciência espiritual e religiosa muito fraca.

Realizo palestras em grandes auditórios no Japão que são traduzidas e transmitidas para todo o mundo ao vivo e também por meio de programas gravados. Ainda assim, as pessoas de outros países que ouvem a tradução de minhas palestras as compreendem melhor do que os próprios japoneses que as ouvem na sua língua-mãe. Essa é realmente uma situação vergonhosa. Significa que os ja-

Introdução à Espiritualidade e Religiosidade para o Futuro

poneses adquiriram um conhecimento totalmente oposto às Verdades Espirituais. Esse conhecimento errado se enraizou na mente do povo japonês e em sua sociedade ao longo de várias décadas. De alguma forma, precisamos mudar esse consenso nacional.

Enfrentamos a mesma situação em nossos esforços para mudar a política japonesa. O Japão mergulhou em uma crise política. Mesmo diante da ameaça de ataques das ditaduras militares totalitárias que existem nos países vizinhos, foi acometido de paralisia, como um sapo que está sendo hipnotizado por uma serpente. Porém, se a maioria do povo japonês não acredita em Deus ou na vida após a morte, acreditando, em vez disso, que a vida termina quando a pessoa morre, então esse tipo de consciência nacional está em sintonia com os pontos de vista mantidos pelos líderes políticos comunistas e antirreligiosos da Coreia do Norte e dos membros do Partido Comunista Chinês, que governa a China.

Apesar disso, a Happy Science possui membros na China e na Coreia do Norte. Contudo, eles arriscam suas vidas para ensinar a sua fé a outras pessoas. Participam secretamente de atividades religiosas, mesmo sabendo que estão sujeitos a severas punições, ou inimagináveis, caso sejam descobertos. Devido à influência que minhas palestras exercem nos membros da Happy Science e no restante do mundo, para mim é muito importante compreender as diferentes situações das pessoas nos diferentes países e refletir cuidadosamente sobre o que é certo numa escala global, mesmo quando realizo minhas palestras a partir do Japão.

Os Ensinamentos Que Ligam as Diferentes Religiões

Ter os ensinamentos transmitidos em escala mundial pode parecer um desafio ambicioso para uma nova religião como a Happy Science. Contudo, não considero que isso seja verdadeiramente uma grande dificuldade.

Existem muitos conflitos por causa das diferenças religiosas em vários países. Essa também é uma das principais razões pelas quais há muitas pessoas que odeiam religião. Por exemplo, pessoas antirreligiosas apontam para os conflitos e guerras entre o cristianismo e o islamismo, e rapidamente afirmam que a religião é culpada por essas guerras. No entanto, a religião em si não causa esses conflitos. A raiz desses problemas está, antes, na falta de compreensão entre as pessoas quanto à verdadeira finalidade da religião e em sua pouca consciência das verdades espirituais.

No presente momento, ainda prevalecem muitas diferenças entre as leis e crenças políticas em diversos países do mundo. Mas tais diferenças representam apenas opiniões específicas da atualidade, que é um momento muito pequeno se comparado à longa história da humanidade. Todas as civilizações que surgem, um dia desaparecerão.

Introdução à Espiritualidade e Religiosidade para o Futuro

Novas civilizações florescem em diferentes países, mas todas elas se extinguem em algum momento. Esse padrão se repete pelo mundo todo. Observando de uma perspectiva mais elevada, o propósito de cada nova civilização e cultura é conduzir as pessoas rumo à felicidade. Muitos fatores experimentais surgiram nas civilizações passadas, mas é assim porque os seres humanos aprendem por tentativa e erro, e dessa forma podem acumular uma rica variedade de experiências. Por isso, não gostaria que os esforços passados da raça humana tivessem sido em vão.

Diferentes espécies de civilizações e vários tipos de religiões têm existido, porém o mais importante não é se concentrar nas suas diferenças. Em vez disso, eu gostaria que as pessoas procurassem pelo caminho dourado que passa igualmente por todas elas, unindo-as, e tomassem consciência de que um existe um Ser supremo, e que por meio de seus ensinamentos está tentando guiar as pessoas em uma escala global.

Quais são, então, os ensinamentos comuns que você pode encontrar em todas as civilizações e todas as religiões? Quais ensinamentos vêm de um Ser supremo que guia as pessoas numa escala global? O primeiro é o do amor. Ao ouvirem a palavra 'amor', muitas pessoas provavelmente pensam no amor entre um homem e uma mulher, ou amor heterossexual. No entanto, esse entendimento é muito limitado.

Jesus ensinou o amor a Deus e ao próximo. Quando lhe perguntaram qual o mandamento mais importante do mundo, ele respondeu: "Ame o Senhor, seu Deus, de todo o seu coração, de toda a sua alma e de todo o seu espírito. Esse é o primeiro e o maior mandamento. E o segundo é semelhante a ele: Ame o seu próximo como a si mesmo" (Mat. 22:37-39). Jesus pregou formas de amor que vão além do amor pelo sexo oposto e pelas pessoas próximas, mas saiba que isso ainda não é o bastante. Existe uma forma mais importante de amor.

Qual é essa importante forma de amor? Além do amor de simplesmente ser bom para outros, precisamos praticar o amor que conduz as pessoas pelo caminho correto.

Se você ama verdadeiramente os outros, sejam eles vizinhos, estranhos ou aqueles mais próximos, você deve orientá-los para que sigam o caminho correto. Em inúmeras palestras tenho transmitido ensinamentos sobre o amor. Mas gostaria de enfatizar que indicar o caminho correto para aqueles que você encontra pela vida também é uma forma de amar. O amor inclui ajudar as pessoas a despertarem para uma Correta Fé em Deus. Por favor, não se esqueça disso.

Eu também gostaria que você soubesse, embora possa ser difícil para algumas pessoas compreender este conceito, que amar o Senhor Deus é tornar-se uno com Ele, e é o mesmo que amar a si mesmo.

Uma Tarefa Importante para os Espiritualistas

O que significa entrar para o Correto Caminho? Não se trata de um jogo no qual precisamos escolher entre a visão de que "o outro mundo não existe" e a visão de que "o outro mundo existe".

Para seguir um caminho correto é preciso adotar uma perspectiva de que o outro mundo existe. Muitas pessoas encaram ou não a existência do outro mundo apenas como uma probabilidade, não conseguindo ter uma visão do que as espera após a morte.

Mas, de fato, tenho oferecido grande quantidade de provas sobre a existência de um mundo espiritual. Apenas em 2010 publiquei 51 livros, muitos deles baseados em mensagens espirituais gravadas publicamente que recebi de mais de 160 espíritos. Desse modo, forneci ao público provas substanciais de que, após as pessoas morrerem e retornarem ao Céu, elas conservam a personalidade que tinham quando estavam vivas e procuram orientar as pessoas deste mundo a respeito do mundo espiritual.

Todos são livres para acreditar nisso ou não. Mas, na verdade, não há ninguém neste mundo que possa ser capaz de transmutar instantaneamente entre as mais de 160 personalidades diferentes e transmitir seus diferentes ensinamentos.

Posso fornecer quantas provas você quiser da existência de outro mundo – o mundo da vida após a morte. Estou transmitindo essas provas atualmente e continuarei a fazê-lo no futuro, se for necessário. No entanto, gostaria de lhes dizer que ninguém nunca conseguiu provar que o outro mundo, o mundo após a morte, não existe. Ninguém nunca provou que os seres humanos não possuem alma.

O que existe é que um grande número de pessoas diz que não acredita na existência do outro mundo e das almas. Na verdade, isso significa que estão apenas afirmando que pessoalmente não possuem fé. Mas ao agir dessa forma, porém, estão espalhando o veneno da descrença, levando as pessoas a se desviarem do caminho da espiritualidade.

Infelizmente, tais pessoas somente despertarão no último dia de suas vidas e constatarão a existência do mundo espiritual. Mas, então, será tarde demais. Consigo ver que muitos anjos e espíritos de apoio trabalham arduamente para auxiliar essas pessoas que retornaram para o outro mundo em sofrimento e caíram em mundos inferiores. Por isso, tenho me dedicado e buscado forças para despertar as pessoas deste mundo para a espiritualidade e conscientizá-las sobre o imenso trabalho que todos temos que fazer. Não queremos que, no futuro, nossos contemporâneos voltem para um mundo de sofrimento.

Nunca se esqueça de que existe muita gente séria e sinceramente dedicada no esforço de ensinar sobre a existência do outro mundo. Na verdade, essa tem sido uma das tarefas mais importantes dos líderes religiosos e espiritualistas através da história.

Agora é a hora de um novo despertar, no qual, através da Happy Science, desejamos despertar líderes religiosos e espiritualistas para cumprir essa missão. Enquanto vivermos neste mundo material, é muito difícil acreditar na existência de um mundo espiritual invisível, por isso o trabalho missionário é considerado muito importante. Mais uma vez, despertem para a espiritualidade e para a religiosidade e se esforcem em cumprir essa difícil tarefa.

Os religiosos precisam ser vistos com respeito pela sociedade e seus membros. Mas, infelizmente, no Japão, a educação pública e os meios de comunicação de massa vêm tentando distorcer repetidamente a imagem dos religiosos e influenciar de forma negativa a mente das pessoas. É missão da Happy Science derrubar esse muro antirreligioso. Desde que alcancei a grande iluminação, há cerca de trinta anos, venho trabalhando consistentemente para realizar a minha missão. No entanto, mais do que nunca, tenho um sentimento crescente de que devo cumprir sem falta esse meu propósito original.

Meu sincero desejo de transmitir as Verdades divinas às pessoas de todo o mundo enfatiza para mim a necessidade de primeiro levar a uma mudança fundamental meu país natal, o Japão, que precisa voltar a ser uma nação de alto nível de espiritualidade e consciência sobre a Verdade. Os Quatro Corretos Caminhos são os nossos ensinamentos básicos que se baseiam nos princípios do Amor, Conhecimento, Autorreflexão e Desenvolvimento. O trabalho de levar a Verdade às outras pessoas faz parte do princípio do Desenvolvimento; entretanto, esse trabalho não visa apenas expandir nossas atividades e nossa organização ou aumentar o número de participantes. Quando conduzimos as pessoas para o caminho correto, estamos salvando as pessoas e suas almas, auxiliando-as a darem o melhor de si mesmas enquanto estão vivendo aqui na Terra.

Desenvolvendo uma Correta Fé

Jesus ensinou que o mandamento mais importante é: "Ame o Senhor, seu Deus, de todo o seu coração, de toda a sua alma e de todo o seu espírito" (Mat. 22:37). No entanto, na atualidade, muitas pessoas acreditam que esse ensinamento não se aplica a elas.

De fato, concordo que seja bastante difícil para muitas pessoas acreditar em mim, um ser nascido neste mundo, principalmente quando digo que no passado guiei Buda, Jesus e Maomé, a partir do Mundo Celestial, para auxiliá-los a estabelecer o budismo, o cristianismo e o islamismo – todas elas religiões mundiais que atualmente possuem centenas de milhões de seguidores. No entanto, fatos são fatos, e a Verdade é a Verdade. Eu sou parte da Suprema consciência espiritual existente no Mundo Celestial, chamada de El Cantare, que não apenas enviou os fundadores do budismo, cristianismo e islamismo à Terra, mas também os guiou enquanto eles viviam neste planeta. Eu, atualmente encarnado no Japão, estou comprometido em cumprir a minha mais alta responsabilidade.

Por isso, tenho trabalhado para divulgar estes ensinamentos neste mundo por mais de trinta anos, e ainda me resta algum tempo antes do final desta minha missão. Não sei se até lá as pessoas acreditarão ou não nos meus ensinamentos e se serei capaz de iluminar toda a humanidade. Ou se os incrédulos vão destruir ou tentar ocultar meus ensinamentos para sempre.

Mas está para começar, em escala global, uma batalha que vai determinar o futuro da humanidade. O Julgamento Final, o juízo da humanidade, dependerá de as pessoas acreditarem ou não em meus ensinamentos. Essa é a questão que recai sobre a raça humana.

A verdade é que estes meus ensinamentos não são somente para as pessoas da atualidade e nem somente para esta vida. Como todos aqueles que estão vivos agora irão deixar este mundo mais tarde, meus ensinamentos também são destinados às pessoas das gerações futuras, que de alguma forma continuarão a sobreviver nas diferentes partes deste mundo. Por isso é preciso que esses ensinamentos perdurem até as futuras gerações.

Os ensinamentos do budismo, cristianismo e islamismo transmitidos no passado não serão suficientes para conduzir as pessoas além dos séculos 21, 30 e 40. Portanto, chegou a hora de disseminar novos ensinamentos que vão conduzir a espécie humana pelos anos que virão.

O futuro será construído com base nos ensinamentos que estou transmitindo agora. As futuras civilizações serão construídas conforme as minhas palavras. Ainda que tudo se perca, as minhas palavras permanecerão como uma esperança para os seres humanos. Conta-se na mitologia grega que, quando a caixa de Pandora foi aberta, todos os males foram libertados neste mundo. No entanto, uma coisa havia restado no fundo dessa caixa – a esperança. Da mesma maneira, as minhas palavras são como a esperança que restou na caixa de Pandora. Certamente, o futuro da humanidade será construído conforme as minhas palavras.

Por isso, solicito a todos aqueles que acreditam nos meus ensinamentos, para que se empenhem em convidar as pessoas para virem para o caminho correto. E, mais importante ainda, é que esses ensinamentos sejam transmitidos de geração em geração, superando todos os obstáculos, para todas as pessoas e todos os lugares, até os confins do mundo. Se meus ensinamentos sobre a Verdade alcançarem todos os recantos do mundo, certamente acenderão a chama no coração de muitas pessoas, e a Verdade se expandirá grandiosamente. Não importa por onde começará a salvação. Não precisa necessariamente começar pelo Japão, mas pode ser a partir de qualquer país.

O número de membros na Índia está crescendo rapidamente. Nos próximos anos, acredito que ultrapassará até mesmo o Japão. Os indianos já aceitaram o fato de que eu sou verdadeiramente o Buda reencarnado; no entanto, os japoneses ainda têm dúvidas.

Venho ensinando as Verdades no Japão há mais de vinte anos, e já proferi mais de 1.600 palestras[2], que estão sendo gradativamente publicadas em livros. Não existe nenhuma pessoa além de Buda que seja capaz de fazer isso. Todos os ensinamentos sobre a Verdade transmitidos em meus sermões serão compilados e se transformarão em escrituras sagradas. Somente Buda seria capaz de realizar isso.

Em 2010 publiquei 51 livros que foram colocados em livrarias e mais 11 disponibilizados exclusivamente para os membros da Happy Science. Nenhuma pessoa sozi-

---

2. Até dezembro de 2011.

nha na Terra pode realizar isso. Desta vez, os espíritos do Mundo Celestial uniram todas as suas forças para enviar suas mensagens e ensinamentos às pessoas da Terra.

Atualmente, estou enviando um alerta para as culturas e governos desavisados, para o mundo dos negócios e o mundo acadêmico que ainda não despertaram. Continuo a divulgar minhas mensagens de que eles precisam abrir os olhos e despertar para a Verdade.

Apesar dos esforços dos membros da Happy Science na difusão da Verdade, ainda existem muitos obstáculos na propagação da fé. Muitas pessoas tentam repeli-los ou ridicularizá-los. No entanto, não devem se deixar intimidar por tais circunstâncias. Não há nada a temer, porque o Supremo Deus do Grupo Espiritual Terrestre, El Cantare e os Espíritos elevados do Mundo Celestial estão ao lado dessas pessoas, ajudando-as nesse trabalho sagrado.

No passado, ensinei repetidamente que a única coisa que levamos conosco quando retornamos ao outro mundo é a nossa mente. Adicionalmente, em anos recentes, tenho ensinado enfaticamente que a única coisa que precisamos levar conosco para o outro mundo é a Correta Fé.

Do ponto de vista do budismo, a Correta Fé significa a prática da Correta Visão, que é o primeiro princípio dos Oito Corretos Caminhos ensinados por Buda Shakyamuni. Somente é possível praticar a Correta Visão quando se passa a olhar as coisas com base na Correta Fé.

Se não tiver a Correta Fé, o mundo será visto de forma distorcida. A compreensão do que é certo e errado estará invertida, os atos de amor realizados em prol dos outros poderão ser considerados maus, e atos maus acabarão sendo interpretados como bons. Por isso, para praticar a Correta Visão é necessário ter uma Correta Fé. Apenas quando as pessoas tiverem uma Correta Fé será possível ver e observar as coisas corretamente.

Despertemos Como Povo da Terra

Como já mencionei, há anos venho fornecendo provas da existência do mundo espiritual. Por essa razão, as pessoas mundo afora gradualmente começam a aceitar e assimilar as Verdades que venho ensinando. Embora esteja levando muito tempo para os japoneses assimilarem meus ensinamentos, pessoas de países aos quais nunca viajei estão começando a buscar e a estudar esses ensinamentos.

Muitos intelectuais e pessoas altamente educadas no Japão ridicularizam ou veem com desdém aqueles que creem no mundo espiritual. Eles nutrem os mesmos sentimentos em relação àqueles que acreditam em extraterrestres.

Se olharmos para o céu noturno, veremos inúmeras estrelas. Existe um número infinito de galáxias que têm mais ou menos o mesmo tamanho que a nossa. É impossível contar o número de galáxias que povoam o grande universo. Dado esse infinito número de galáxias, é absurdo presumir que só existem seres humanos como nós ou seres inteligentes no nosso planeta. Na verdade, essa é uma ideia muito arrogante. Para colocar em termos simples, é um erro pensar que entre os bilhões de estrelas do universo, a espécie humana somente existe no planeta Terra. A recusa em aceitar a existência de extraterrestres está se transformando numa espécie de fé, mas devo dizer que é uma fé absurda e que isso está incorreto.

Algumas estrelas são habitadas por seres de intelecto altamente desenvolvido, semelhante ao da espécie humana da Terra. Habitantes de outras estrelas desenvolveram civilizações ainda muito mais avançadas do que a nossa. Eles não seriam capazes de viajar através do tempo e do espaço desde longínquas regiões do universo e chegar até aqui a menos que suas civilizações fossem bem mais desenvolvidas que a nossa. Uma grande quantidade deles está em nosso planeta agora. De fato, mais de vinte espécies de extraterrestres já vieram para cá. Agora estão esperando pelo momento em que a Terra entrar na nova era espacial.

Na Terra, os seres humanos desenvolveram e lançaram foguetes espaciais e estão abrindo gradualmente seu caminho no espaço. Logo, os seres humanos começarão a interagir com extraterrestres em pé de igualdade. Os habitantes do espaço esperam com expectativa por esse momento.

Introdução à Espiritualidade e Religiosidade para o Futuro

Uma de minhas missões é auxiliar a espécie humana a desenvolver o nível cultural necessário para se comunicar com esses seres do espaço sideral. Ao ver a atual situação de fora do Japão, fico muito entristecido com o fato de meus ensinamentos da Verdade ainda não terem se disseminado o suficiente no Japão, onde meus ensinamentos se originaram.

As pessoas de hoje ainda têm dificuldade em aceitar os ensinamentos que transmito sobre o universo e habitantes do espaço. Mas isso não muda o fato de que uma grande quantidade de extraterrestres já está aqui e que outros se já se infiltraram neste planeta desde as civilizações passadas e se naturalizaram como habitantes da Terra.

Em 2010, comecei a transmitir as "Leis do Universo" revelando esses fatos relacionados aos extraterrestres, num esforço para ajudar as pessoas a compreendê-los e aceitá-los mais facilmente. Através da transmissão dessas leis, estou construindo as bases para os seres humanos se comunicarem e interagirem culturalmente com seres do espaço sideral.

Provar sozinho a existência do outro mundo é bastante difícil. Mas agora estou alertando a humanidade que logo começaremos a interagir com nossos irmãos do espaço. A nova era espacial está se aproximando. Anunciar esse fato requer muita coragem. Porém, precisamos vencer essa nova dificuldade. Desejo sinceramente, de to-

As Leis da Imortalidade

do o meu coração, que minhas mensagens se propaguem para todas as partes do mundo e sejam passadas às próximas gerações, de modo que as pessoas no futuro sejam capazes de usá-las como guia de sobrevivência em alguma situação de emergência.

Gostaria de lhes dizer que no universo existem numerosos seres que acreditam em Deus, e que os seres humanos da Terra não são simplesmente considerados pequenos seres que vivem sozinhos em um pequeno planeta do universo. Os habitantes do espaço vão se revelar e tentar interagir conosco, humanos da Terra. Esse momento vem se aproximando rapidamente. Por isso, estou lhes transmitindo estes ensinamentos para ajudá-los a se prepararem para tal momento.

Pode ser que algum leitor não dê importância para as minhas palavras, mas sugiro que, antes de agir assim, por favor, abra seu coração e aceite as minhas palavras com a mente aberta. Estou lhes propiciando ensinamentos que talvez vocês nunca tenham aprendido antes. Vocês simplesmente não conhecem a Verdade. Aconselho a não julgar como certo ou errado aquilo que ainda não conhecem. Por isso, peço-lhes que não julguem as Verdades. Em vez disso, aceitem o desconhecido. Peço-lhes que acreditem que o futuro vai se descortinar a partir do desconhecido.

Esta é a mensagem que eu gostaria de divulgar neste capítulo que chamei de "Introdução à Espiritualidade e Religiosidade para o Futuro", e é isso que quero dizer com uma "mudança de paradigma para os terrestres". Estou sugerindo uma mudança fundamental na forma de pensar das pessoas da Terra.

Vamos despertar como um novo povo da Terra e lutar pelo futuro da humanidade. Espero que todos nós possamos trabalhar nisso juntos.

Capítulo 2

O MUNDO ESPIRITUAL E
OS MILAGRES

※

MUITOS MILAGRES ESTÃO OCORRENDO ATRAVÉS DA HAPPY SCIENCE

Milagres de cura não são raros na Happy Science, e estão aumentando consideravelmente porque a fé dos seguidores está se fortalecendo. Desde o princípio tenho dito que, se a fé se fortalecer, os milagres aumentariam cem vezes. O fato é que a ocorrência de milagres está crescendo muito. Enquanto viajava pela Índia e pelo Nepal em fevereiro e março de 2011, fiz quatro palestras em inglês. Em Bodhgaya, Índia, um dos participantes tinha uma atrofia muscular e não era capaz de utilizar a mão havia anos. No entanto, ao ouvir a minha palestra, ele repentinamente recobrou a habilidade de movimentar a mão. Foi de fato um milagre. Não planejei realizar a cura dessa pessoa diretamente, mas enquanto ela estava ouvindo a minha palestra esse milagre aconteceu. Agora, essa pessoa passou a ser uma testemunha viva de que milagres ocorrem. Outro milagre aconteceu em 17 de abril de 2011, no templo da Happy Science de Kokura, na província de Fukuoka, Japão, quando fiz uma palestra que agora foi inserida como conteúdo deste capítulo. Na tarde da véspera de minha palestra, um dos membros de nosso templo fora levado às pressas ao hospital após apresentar os sintomas de uma hemorragia cerebral. O homem estava à beira da morte, mas felizmente solicitou que se fizesse uma prece especial para ele em nosso templo, intervindo para salvar sua vida. Por isso, ele deixou o hospital nesse mesmo dia. Esse é um caso de milagre que foi fruto da força da fé dessa pessoa.

    Eu poderia mencionar muitos outros casos ocorridos na Happy Science; este tipo de milagre de cura aumentou muito nos últimos anos. Também ocorreram muitos milagres durante o terremoto de 2011 no Japão. Em seu rastro, o terremoto e o tsunami deixaram aproximadamente 16 mil mortos e 4 mil desaparecidos, de acordo com o relatório de novembro de 2011 do governo japonês. Baseado em relatórios mais recentes, fui notificado de que dois de nossos membros haviam morrido e outros dois estavam desaparecidos. (Na contagem final, oito de nossos membros morreram.) Para minha surpresa, aqueles que morreram ou desapareceram, apesar de serem afiliados à Happy Science a pedido de seus familiares, vinham se opondo às nossas atividades religiosas. É triste mas, numa mesma família, os que estavam atuando ativamente em nossas atividades conseguiram proteção espiritual e se salvaram, mas infelizmente o mesmo não foi possível para os que estavam criando oposição ao trabalho religioso, vindo a falecer.

Felizmente foi um alívio saber que perdemos poucos membros nesse grande terremoto. Considerando a magnitude do desastre, fiquei com o coração oprimido só de pensar que milhares de membros poderiam ter morrido. Realmente, esse foi um grande milagre em que pouquíssimos membros pereceram nessa catástrofe.

Além disso, todas as unidades pertencentes à Happy Science permaneceram em condições de uso, mesmo após o terremoto. O tsunami apenas afetou levemente um prédio alugado usado por um de nossos templos. Graças aos cuidados e aos esforços dos fiéis que ajudaram na limpeza do edifício, em 23 de março, dez dias após o desastre, foi possível realizar a Festividade da Grande Iluminação, evento anual em comemoração à grande iluminação que obtive, quando todos puderam participar normalmente. Isso foi um fato extraordinário.

Eu já havia mencionado antes que, se em uma cidade houvesse mais de cem pessoas que tivessem fé em mim, essa área não seria afetada por desastres ou catástrofes naturais. De fato, numa região ao nordeste da área afetada pelo desastre viviam cerca de 130 fiéis. E essa área foi milagrosamente poupada, embora o tsunami tenha causado grande destruição em volta dessa região. Apesar de o tsunami ter levado as casas vizinhas, por alguma razão deixou intactas as casas daqueles que tinham fé em nossos ensinamentos, enquanto devastou completamente as regiões onde não morava nenhum fiel da Happy Science.

Durante esse desastre, muitos seguidores experimentaram outros tipos de fenômenos misteriosos, tais como o fato de o tsunami repentinamente recuar e ir para a direção oposta, ou de as ondas que passavam próximas a suas casas não as inundarem. Um membro nos deu o seguinte testemunho: "Assim que entrei no carro para fugir, repentinamente recebi uma inspiração para que abandonasse o carro. Então eu o larguei e escalei um barranco. Encontrei uma ferrovia onde um trem havia parado devido ao terremoto. O maquinista me chamou para entrar rápido, e assim fiz. Logo depois, o tsunami nos alcançou. A linha férrea logo atrás do trem desapareceu, mas o trem não foi atingido".

    Ouvi tantos testemunhos semelhantes a esses que não posso deixar de expressar minha admiração. Os testemunhos de tais milagres ocorridos com os nossos fiéis me inspiram profundamente e me preenchem com muita energia.

O Mundo Espiritual e os Milagres

A História Está Repleta de Milagres

**Milagres Relacionados à Água:
Jesus Cristo e Buda Shakyamuni**

Quando olhamos o passado, não achamos estranho que maravilhosas histórias como essas tenham acontecido. Muitos milagres vêm ocorrendo ao longo da história, sobretudo relacionados à água. Por exemplo, a Bíblia narra uma história de Jesus caminhando sobre a água de um lago. A Bíblia também conta como Jesus acalmou as ondas provocadas pela tempestade em um lago, repreendendo-as energicamente. Essa história conta que Jesus e seus discípulos estavam navegando em um lago quando foram atingidos por uma tempestade. Ventos fortes e grandes ondas estavam a ponto de virar o barco. Os discípulos estavam petrificados. Mas quando Jesus censurou o vento e as ondas, a tempestade terminou rapidamente e a calma voltou ao lago outra vez, surpreendendo seus discípulos. Baseando-se em histórias como essa, sabemos que é possível dominar as ondas.

Um dos milagres mais comuns relacionado à água na história é o fenômeno do recuo das águas. Na famosa história do Êxodo, as águas do mar Vermelho se abriram para Moisés. Muita gente hoje provavelmente tem dificuldade de acreditar nesse relato. O mar Vermelho hoje é muito profundo, então pode ser que o volume de água fosse diferente, ou fosse numa área mais pantanosa um pouco mais ao norte. De fato, ocorre ali um fenômeno pelo qual os ventos sopram tão violentamente que podem dividir as águas. Assim, acredito que foi esse tipo de fenômeno que ocorreu quando Moisés orou.

Por exemplo, quase no final do filme *As Crônicas de Nárnia: A Viagem do Peregrino da Alvorada*, é mostrada uma cena em que as águas da praia recuam até formar uma muralha, e o rei Aslan, na forma de um leão, anda ao longo dela. De fato, esse tipo de "recuo das águas" é uma ocorrência bem conhecida. Nos textos budistas há histórias sobre Buda Shakyamuni que contam que ele teria sobrevoado um rio; numa outra, consta que Buda separou a água do rio Ganges em uma de suas partes mais largas para poder caminhar pelo leito seco até o outro lado.

Os inúmeros relatos de milagres relacionados à água na Bíblia e nas escrituras budistas demonstram que de fato podem ocorrer milagres envolvendo a água. Nós, portanto, podemos dizer que os testemunhos relativos ao terremoto de 2011 que nos falam da água voltando na direção oposta e de a água não invadir certas casas são realmente possíveis. Dessa forma, se no futuro um tsunami ameaçar algum de nossos templos, é possível combater isso através de um ritual especial ensinado na Happy Science, denominado "El Cantare, Fight", em que a Força Divina atua para combater o mal e promover um milagre, nesse caso, para bloquear as ondas.

O Mundo Espiritual e os Milagres

Acredito que isso seja possível, pois as ondas tentarão evitar confrontar o poder dessa oração.

Milagres que Salvaram Famosos Discípulos da Execução

Muitas outras espécies de milagres têm sido registradas em documentos históricos. Está escrito no Sutra de Kannon, que é parte do Sutra do Lótus budista, que é possível proteger as pessoas dos desastres que envolvem fogo e água. Isso significa que uma das virtudes do Sutra do Lótus é a proteção da morte pelo fogo ou pela inundação. No Sutra de Kannon também é citado outro tipo de milagre, aquele que salva as pessoas de serem mortas por uma espada. Diz que a espada se quebrará antes de tocar a vítima, poupando-a assim. Nichiren, famoso monge budista japonês do século 13, cita sua própria experiência neste milagre. Nichiren, adepto do Sutra do Lótus, estava para ser executado em Tatsunokuchi. De acordo com registros desse período, quando o executor levantou a espada para golpeá-lo, um objeto brilhante voou da região da ilha de Enoshima rumo à cidade de Kamakura. Como o objeto não foi identificado, pode até ter sido um óvni. Mas os registros o descrevem como um objeto brilhante como a lua voando pelos ares, de Enoshima até Kamakura. "Naquele momento", dizem os registros, "a espada despedaçou-se", salvando a vida de Nichiren.

Quando Nichiren escreveu essa narração, é provável que tenha adotado a frase: "pulverização da espada", que consta no Sutra de Kannon, como uma forma para descrever o que aconteceu com ele no momento em que estava para ser executado. No entanto, como Nichiren de fato fora condenado à morte, podemos supor que uma espécie de milagre deve tê-lo salvado.

A história continua, contando que os executores se sentiram perdidos com esse fato e se perguntavam o que deveriam fazer, quando então chegou um mensageiro do governo e lhes disse: "Esperem! Não o matem. Vamos exilá-lo na ilha de Sado. Pode ser que recaia sobre nós alguma maldição por termos matado um monge. Em vez disso, vamos mudar a pena para exílio na ilha de Sado". Assim, as palavras do Sutra do Kannon – "ser salvo no momento de ser morto pela espada" – de fato se tornaram realidade e salvaram a vida de Nichiren.

A Bíblia narra outros milagres semelhantes, inclusive alguns relacionados com a prisão de pessoas que seriam executadas. Depois que Jesus morreu, as autoridades detiveram e prenderam seus discípulos. As Escrituras relatam vários milagres em que as portas da prisão se abriram e os libertaram. Em um caso, um anjo guiou o prisioneiro Pedro até o portão de ferro da cidade, que se abriu sozinho (Atos 12:6-10; Atos 5:19-20 e Atos 16:26-28 relatam milagres semelhantes). A partir desses textos sagrados, podemos ver que os milagres ocorriam com frequência durante certos períodos da história.

Milagres de Ressurreição: Osíris e Jesus Cristo
Provavelmente você já deve ter ouvido falar de dois famosos milagres envolvendo ressurreição. O primeiro é sobre a ressurreição do famoso deus egípcio Osíris, que na Grécia era conhecido como Ophealis. Osíris, espírito da nona dimensão e uma das almas irmãs de El Cantare, nasceu na Grécia há mais de 6 mil anos. Como rei, governou o Egito, que nesse tempo era um domínio grego. Na época, a deusa egípcia Ísis era sua mulher.

Mencionei anteriormente que a vida de um membro do templo de Kokura, da Happy Science, foi salva em 16 de abril de 2011, enquanto eu estava gravando uma mensagem espiritual em meu quarto de hotel. Como preparação para a palestra que eu estava planejando dar no dia seguinte, intitulada "O Mundo Espiritual e os Milagres", invoquei o espírito guia de Edgar Cayce para me auxiliar na condução de uma leitura espiritual de vidas passadas para investigar como Osíris havia ressurgido dos mortos.

A morte de Osíris foi tramada por seu próprio irmão, Seth. Osíris muitas vezes ficava fora do palácio, em expedições no exterior, e em sua ausência seu irmão mais novo, Seth, usurpou-lhe o trono. Mais tarde, quando Osíris retornou, Seth planejou matá-lo durante um banquete em que atraiu o irmão para uma armadilha mortal. Como parte do entretenimento, Seth preparou um sarcófago e convidou as pessoas a experimentá-lo. "Aquele que couber perfeitamente nele será presenteado com o sarcófago", disse ele. Muitos tentaram, mas nenhum coube exatamente ali. Quando chegou a vez de Osíris, este se encaixou perfeitamente no sarcófago projetado para ele. Então, assim que Osíris se deitou nele, a tampa foi fechada e pregada, trancando-o lá dentro.

Eles impediram a saída de Osíris e lançaram o sarcófago no rio Nilo. O sarcófago foi flutuando pelo rio e chegou ao mar Mediterrâneo, até a costa de onde hoje é a Síria. Quando Ísis soube do incidente, partiu em busca do sarcófago. Então, pelos esforços da rainha e de seus súditos, o corpo já morto do marido foi trazido miraculosamente de volta à vida.

Porém, o maldoso rei Seth não podia admitir que o irmão continuasse vivo. Então ele o capturou novamente e o assassinou uma segunda vez, agora cortando o corpo em pedaços e enterrando-os em lugares diferentes. Seth estava certo de que dessa vez ninguém seria capaz de trazer Osíris de volta à vida outra vez. Assim, o corpo dele foi esquartejado.

No entanto, Ísis e suas criadas e servos trouxeram Osíris de volta à vida pela segunda vez. Eles procuraram e encontraram todas as partes do corpo dele, reuniram os pedaços e enrolaram seu corpo em bandagens. As famosas múmias surgiram nesse processo de preparação para a cura. Após a preparação, Ísis e os seguidores oraram fervorosamente.

Daqui em diante, a história que vou revelar inclui informações que eu obtive por meio de leituras espirituais de pessoas que no passado vieram do espaço. Na época em que Osíris e Ísis viviam, seres do espaço estavam visitando a Terra, vindos da estrela Vega, e essas pessoas do espaço possuíam um poder especial de cura. Alguns desses extraterrestres de Vega ajudaram Ísis a ressuscitar Osíris com um método de cura chamado "A Cura de Vega". Graças à ajuda desses seres, o corpo de Osíris, que havia sido esquartejado, foi juntado e ressuscitado com superpoderes, tal como um deus todo-poderoso.

Na Happy Science há um ritual de prece especial para curar doenças, chamado "Superpoderosa Prece de Cura de Vega". Como já disse antes, foi exatamente esse ritual de prece realizado para aquela pessoa que estava à beira da morte devido à hemorragia cerebral. Essa prece ajudou a salvar a vida dele.

Embora essa revelação só tenha aparecido uma vez nas leituras espirituais feitas nas pessoas que detectamos que viveram no espaço, e requeira posterior investigação para confirmá-la, quando estava fazendo a leitura espiritual de extraterrestre, foi revelado que os seres de Vega também participaram da ressurreição de Jesus. Jesus morreu na cruz em uma sexta-feira à tarde; ele exalou seu último suspiro por volta das três horas da tarde. Enquanto estava na cruz, foi golpeado com uma lança nas costelas, o que causou a perda do sangue de seu corpo; ele então foi sepultado em uma gruta. Três dias depois, pela manhã, ele ressuscitou para a vida.

Uma grande rocha cobria a entrada do lugar em que o corpo de Jesus fora sepultado. Contudo, quando Maria Madalena e várias outras mulheres foram ver sua tumba, na manhã do terceiro dia, para seu espanto encontraram a entrada aberta e notaram que o corpo de Jesus tinha desaparecido. "Alguém levou embora o corpo de Nosso Senhor!", lamentaram e caíram num choro inconsolável. Nesse momento, um anjo vestido de branco desceu e perguntou às mulheres o que havia de errado. Maria replicou: "Alguém levou embora o corpo de Nosso Senhor". Ao se virar, Maria viu, para sua absoluta surpresa, Jesus de pé ao lado dela.

Pode ser que vocês não acreditem, achando um absurdo. No entanto, a ressurreição de Jesus é o fato que influenciou fortemente na formação do cristianismo. Com a idade de 30 anos, Jesus começou a ensinar e fazer a difusão dos ensinamentos, e logo depois, com a idade de 33 anos, foi crucificado e executado junto com dois criminosos. Quando da prisão e crucificação de Jesus, seu grupo de discípulos foi literalmente desarticulado, e dentre todos os discípulos que estavam com ele, restaram apenas duas mulheres e João. Se a história tivesse simplesmente terminado aí, o cristianismo nunca teria crescido até se tornar uma religião mundial. Na história da humanidade houve outros, como ele, que foram presos e executados por desempenharem atividades religiosas, mas seus respectivos movimentos religiosos terminaram completamente após a morte deles. O cristianismo durou porque a ressurreição de Jesus Cristo deu força a seus seguidores, e os ajudou a se transformarem em um grupo religioso que atuava fortemente na difusão dos ensinamentos.

Uma vez que a Bíblia afirma que mais de quinhentas pessoas viram a ressurreição de Jesus, não duvido de sua veracidade. Se mais de quinhentas testemunhas atestam que o viram, é um número muito grande para que justificadamente se descarte o fato como um relato falso. Todos os principais discípulos, inclusive o mais cético deles, São Tomé, assim como muitas outras pessoas, testemunharam a ressurreição de Jesus. Apesar de Tomé ser um dos doze apóstolos, o Evangelho escrito por ele não foi incluído no Bíblia oficial. Mas esse documento realmente existe.

No Evangelho de São João (20:24-29) encontra-se narrada a história da interação entre Jesus ressuscitado e São Tomé. Conta que quando alguns discípulos de Jesus se reuniram para contar a Tomé sobre a ressurreição de

Jesus, Tomé disse: "Se eu não vir as marcas dos pregos nas suas mãos, não colocar o dedo na marca dos pregos e não puser a minha mão no seu lado, não acreditarei que ele ressuscitou". Vários dias mais tarde, quando os discípulos se reuniram novamente em uma sala com todas as portas trancadas, Jesus entrou misteriosamente sem que se abrisse nenhuma porta, como se fosse um espírito, e disse: "Tomé, por acaso é isso o que você deseja tocar? Coloque o seu dedo aqui; veja as minhas mãos. Estenda a mão e coloque-a no meu lado". Jesus lhe mostrou suas mãos com as feridas dos pregos. Tomé, surpreso, gritou para Jesus: "Oh, meu Senhor!". Mais tarde, Jesus disse para São Tomé: "Porque me viu, você acreditou? Felizes os que não viram e creram".

Assim, a Bíblia nos conta que Jesus surgiu para muitas pessoas após sua ressurreição. No princípio, eu costumava pensar que ele surgia em forma de espírito para as pessoas, mas não parece ser esse o caso. Dentro da doutrina cristã, havia uma ideia que por muitos anos eu não conseguia entender, e era a ideia da ascensão, na qual o corpo de alguém se eleva no céu. Eu sempre me perguntei como esse fenômeno poderia ser explicado, porque normalmente é o espírito que ascende; o corpo não pode se elevar no ar. No entanto, o Novo Testamento diz claramente que no próximo advento de Jesus, no futuro, muitas pessoas ascenderão no ar.

Depois de começar a fazer leitura espiritual de extraterrestres, no entanto, aprendi muitas coisas e percebi que algo poderia explicar esse fenômeno: os raios de luz tratores emitidos pelos óvnis. Esses feixes de luz de um óvni podem levantar uma pessoa do chão. Compreendi que isso explicaria como um corpo poderia se elevar no ar, e também percebi que isso realmente aconteceu.

Certa vez fiz uma leitura espiritual de extraterrestre em um homem e seu subconsciente revelou que, no passado, ele era da estrela Vega e que estava com outros extraterrestres numa espaçonave quando Jesus foi executado. Ele disse: "Nós puxamos Jesus para dentro da espaçonave, curamos e ressuscitamos Jesus". Numa série de leituras espirituais de pessoas que foram extraterrestres, essa história só foi mencionada uma vez, mas eu gostaria de averiguá-la mais profundamente e por diferentes perspectivas. Se isso for verdadeiro, provará que é possível a alguém se elevar fisicamente no ar. Os extraterrestres de Vega estão científica e tecnologicamente mil anos à frente da Terra, o que explica por que é possível para eles curar muitas doenças.

Mesmo depois de dois mil anos, ainda existem mais de dois bilhões de pessoas na Terra que acreditam na história da Bíblia sobre o homem que morreu crucificado, teve o corpo perfurado por uma lança para confirmar sua morte, foi sepultado e que ao final ressuscitou. Se a ressurreição de Jesus fosse uma mentira, não teria resistido nem tido tal impacto histórico. Isso foi possível porque a convicção das pessoas que testemunharam esses acontecimentos foi absoluta.

A Fé É a Chave para Manifestar os Milagres

A partir de agora, muitas coisas inacreditáveis ocorrerão neste mundo. Fenômenos que antes eram impensáveis passarão a ocorrer. Por exemplo, podem surgir seres do espaço tentando nos mostrar sua superioridade científica e tecnológica, ou acontecimentos inesperados para pessoas que desejavam ter uma força espiritual extraordinária. À medida que se estender a história da Happy Science, muitos milagres continuarão a ocorrer, e vamos documentá-los, registrando-os como se fez com as Escrituras budistas e as da Bíblia.

A chave para isso é ter um coração fervoroso. A fé realmente torna os milagres possíveis. Depende quase que somente da força em acreditar ou não. Quando não acreditamos, significa que estamos avaliando as situações com base nas regras do mundo material. Se deixarmos que nossa maneira de pensar e de perceber fique limitada às regras deste mundo físico, não vai acontecer nada além do que é comum neste mundo.

Por outro lado, quando temos fé e acreditamos, então não estaremos sujeitos às regras deste mundo. Aceitamos que existem forças superiores a este mundo operando e vindo até nós a partir de mundos e dimensões mais elevadas que a nossa. Quando aceitamos essa verdade, vários fenômenos podem ocorrer.

Por exemplo, um membro relatou uma história sobre um acidente que teve de motocicleta. "Um dia, eu estava guiando minha moto e colidi com um carro. Fui lançado ao ar, e não houve tempo de fazer toda a oração. Então, na minha mente, fiz o sinal da cruz e o sinal da estrela do ritual 'El Cantare, fight' (que é realizado para proteção e para afastar energias e acontecimentos negativos). Quando atingi o chão, eu estava ileso, apesar de minha moto estar completamente destruída." Certamente, a vida dessa pessoa foi salva pela fé em El Cantare.

Essa pessoa ficou no ar por apenas alguns segundos. Porém, na perspectiva de outras dimensões, é como se o tempo estivesse parado. Mesmo num curto intervalo de um instante, muitas coisas podem ocorrer no mundo celestial. A gama de coisas que podem acontecer é infindável.

Milagres Relacionados ao Fogo: As Histórias de Dois Deuses Japoneses

Assim como existem rituais secretos para reverter as ondas e para separar as águas, também há técnicas secretas para reverter miraculosamente a aproximação do fogo. Na história japonesa, Yamato Takeru, um príncipe lendário, tinha esse dom. Ele empreendeu uma expedição para trazer paz e ordem a todos os territórios do Japão.

Enquanto ele estava em um lugar onde hoje é Yaizu, na província de Shizuoka, seus inimigos o atacaram com fogo. Os campos em torno de Yamato Takeru ficaram em chamas, o fogo se espalhou ainda mais e rapidamente o rodeou. Então ele sacou a espada de Kusanagi e cortou o capim à sua volta, em uma espécie de ritual espiritual.

Apenas esses esforços não poderiam ter detido o fogo; todavia, o fogo mudou completamente de direção e avançou contra seus inimigos. Takeru não só escapou após ficar tão próximo da morte, mas também eliminou seus inimigos com o próprio fogo. Isso nos mostra que se o fogo se aproximar de nós, podemos fazer seu fluxo fluir milagrosamente na direção oposta.

Ōkuninushi também escapou do fogo. Sua história se mistura com mitos e lendas, e contém alguns dados confusos, mas basicamente o relato diz que os irmãos de Ōkuninushi tinham ciúmes dele e tentavam prejudicá-lo. Um dia, eles atearam fogo aos campos próximos dele. Ele já estava a ponto de ser queimado vivo quando, de repente, um rato apareceu e lhe disse: "Fora, há pouco espaço. Por dentro ele é oco e fundo. Enfie-se ali". Quando Ōkuninushi checou o subsolo, tinha uma pequena caverna, e ele sobreviveu esperando nesse local até que o fogo passasse. Como podemos ver, por meio de técnicas espirituais – as leis espirituais do universo – é permitido que as pessoas escapem do fogo.

Outros Milagres do Cristianismo e do Budismo

Até aqui, mencionei milagres que envolvem escapar dos perigos do fogo e da água, ressuscitar dos mortos e escapar do golpe de uma espada pulverizando a lâmina. Outros tipos de milagres ocorreram, permitindo que se escape de confinamentos, mesmo que de mãos algemadas e portas trancadas. A Bíblia cita alguns exemplos.

O primeiro ocorreu com Pedro, o primeiro papa da história do cristianismo. Pedro foi o discípulo que negou Jesus por três vezes, antes que o galo voltasse a cantar, para evitar a prisão. Mais tarde ele alardeou sua lealdade a Jesus, mas enquanto divulgava os ensinamentos em Roma, as autoridades o prenderam. Em Atos 12:6-11, os soldados jogaram Pedro na prisão e o acorrentaram. De repente, um anjo apareceu em sua cela. As correntes de Pedro se romperam e ele foi solto. Ele experimentou o milagre de poder se livrar da prisão a despeito de estar acorrentado pelos pés e pelas mãos. Posteriormente, Pedro se tornaria mártir em Roma.

Outro milagre ocorreu com Paulo, um dos primeiros e mais famosos pregadores do cristianismo, embora não fosse um dos doze apóstolos. Paulo era um dedicado estudioso do judaísmo, que já existia antes do cristianismo, e achava que o cristianismo era uma religião herética. Por isso, perseguia os cristãos. Munido de um mandado judicial, ele percorria a região, prendendo discípulos de Jesus.

Em Atos 9:3-19 há um relato de que um dia, na estrada que levava a Damasco, a vida de Paulo sofreu uma completa mudança. Enquanto andava à caça de cristãos, Paulo (que nesse tempo ainda se chamava Saulo) deparou com uma luz ofuscante vinda do céu que o cegou completamente durante cerca de três dias. Mais tarde, Ananias, um dos cristãos que Paulo estava perseguindo e tentando prender naquele dia, visitou-o. Ananias colocou a mão sobre Paulo e curou seus olhos. Nesse momento, Paulo sentiu o amor dos cristãos e se converteu ao cristianismo. Após sua visão se restaurar, o homem que tomara como missão prender cristãos experimentou uma completa transformação e se tornou ele mesmo um missionário cristão.

Jesus fez um milagre de cura semelhante: após Jesus orar no Jardim de Getsêmani, algumas pessoas vieram até ele para prendê-lo. Em um esforço para proteger Jesus, Pedro sacou sua espada e cortou fora a orelha de um deles. Jesus então colocou sua mão sobre a orelha do homem atingido e o curou.

Ambas as histórias nos ensinam a amar nossos inimigos, e mostram por que o cristianismo se espalhou tão longe e tão amplamente. Como você pode ver, a história da religião está repleta de milagres. É muito importante que todas as pessoas se lembrem disso.

Em comparação com outras religiões, o budismo tende a não enfatizar a ocorrência de milagres. Mas, se lermos cuidadosamente as escrituras budistas, encontraremos muitos relatos de milagres. Por exemplo, os Três Sutras da Terra Pura relatam a história da rainha Vaidehi. Seu filho, um rei perverso, capturou-a e trancou-a em uma prisão. Buda e seus discípulos então voaram pelo céu e apareceram na prisão para consolar a mulher com seus ensinamentos. Pela descrição, parece que seus espíritos saíram de seus corpos através de uma forma de aparição para entrar na prisão.

O budismo ainda hoje oculta esses milagres; por exemplo, mesmo o influente estudioso budista Hajime Nakamura não conseguia crer nessas histórias por pensar de forma racional e tinha dificuldade de compreendê-las. Hoje, muitos religiosos e espiritualistas tentam se manter alheios a essas questões. De qualquer modo, há muitas histórias sobre Buda pairando no ar para pregar sermões.

A Fé Nos Protegerá contra os Desastres

Quando um milagre ocorre, forças de dimensões mais elevadas passam a trabalhar de várias maneiras. À medida que os ensinamentos da Happy Science se expandirem pelo mundo afora, muitos milagres incríveis irão ocorrer, e das formas mais variadas. Não sei quem serão os beneficiários, mas de uma coisa tenho certeza: os frequentadores de nossos templos que tiverem uma fé fervorosa farão esses milagres acontecerem. A fé dos fiéis fará com que as leis físicas deste mundo material sejam sobrepujadas. Por isso, muitos e muitos milagres ainda irão acontecer.

Certas pessoas ridicularizam a situação pensando: "Então, se é assim, por que não deteve o tsunami e o Grande Terremoto do Oeste do Japão?". Alguns talvez até tentem zombar de nós. Mas, caros amigos, nós ainda precisamos de mais membros com fé. O Grande Terremoto do Oeste do Japão foi sem dúvida um alerta do Mundo Celestial. E, ao mesmo tempo, uma força protegeu aqueles que acreditavam. No entanto, ainda não é suficiente o número de seguidores com fé. Se ao menos uma centena de nossos fiéis vivesse em determinada cidade, desastres com catástrofes naturais não a atingiriam. Mas ainda há muitas cidades nas quais não temos nem uma centena de seguidores com fé. Neste mundo, e no Japão, ainda há muitos lugares onde não temos seguidor nenhum, ou apenas alguns poucos, dispersos.

Infelizmente, ainda não é possível que pessoas céticas e incrédulas consigam ser salvas. Mesmo que fossem, não compreenderiam o que teria acontecido. Logo se apressariam a dizer que foi apenas sorte ou um fenômeno físico ou natural. Não tem sentido que as leis naturais sejam modificadas se as pessoas não percebem que é preciso ter fé para tornar possíveis mais e mais milagres. Na verdade, ainda é pouco o número de pessoas que têm fé.

É como o ditado que diz: o que é certo é certo e o que é errado é errado. Incentivo e castigo são aspectos de uma mesma moeda representada pela justiça Divina. Favorece a quem merece ser favorecido e é rigoroso com quem precisa ser corrigido. Essa é uma maneira de ver as intenções de Deus. Quando as pessoas alcançam o progresso, a prosperidade e o prazer numa época em que prevalece o declínio da fé e da espiritualidade, elas tendem a se esquecer das Verdades de Deus. Mas, se Deus infligisse punições a elas para lhes mostrar seus erros, as pessoas O temeriam, o que tornaria ainda mais difícil para elas acreditar n'Ele. É por isso que Ele providencia uma mistura de acontecimentos, alguns que nos amedrontam e milagres que nos dão esperança.

O terrível alcance do terremoto japonês de 2011 pode ser um sinal de que surgirão iminentes terremotos em diferentes lugares. Outros tipos de desastres, como tsunamis e erupções vulcânicas, também são possíveis.

No entanto, por favor, lembre-se sempre de que as histórias das religiões do mundo são pontilhadas de muitos milagres. Moisés separou as águas do mar Vermelho, e Jesus ordenou que acalmasse a tempestade e o lago em ondas. No entanto, saibam que aquele que guiou Moisés e Jesus não foi ninguém senão eu. Portanto, se os que creem em mim têm fé pura, eu lhes asseguro que muitos milagres ainda vão ocorrer, e algum dia eles estarão relatados na próxima "Bíblia". Convido-os a se tornarem testemunhas vivas de nossos milagres.

A Verdade sobre o Exorcismo

Neste capítulo, "O Mundo Espiritual e os Milagres", estudamos muitos exemplos de milagres. A fé é o principal fator em todos eles, e também pode intervir em catástrofes pessoais. As possessões por maus espíritos causam 70% ou 80% das doenças. Em casos de doenças graves, é bem provável que a pessoa doente esteja possuída pelo demônio. Porém, desde que desperte para a fé, ele pode ser curado e salvo.

Em 2011, foi lançado um filme de exorcismo chamado *O Ritual*. Este filme foi quase como uma sequência de *O Exorcista*. Relata o treinamento de exorcistas que, de fato, é o treinamento real conduzido no Vaticano, ou na Santa Sé, a sede central da Igreja Católica. O Vaticano almeja enviar no mínimo um exorcista para cada uma de suas dioceses na Itália.

Catorze exorcistas vivem nos Estados Unidos, e *O Ritual* narra a experiência real de um exorcista na diocese de Chicago. Se for possível, recomendo que os membros da Happy Science assistam a este filme. Anthony Hopkins é o ator principal – então se pode esperar um filme bastante assustador – e faz o papel de um homem que já realizou cerca de 2 mil exorcismos. Esse personagem fica desiludido após a morte de uma das pessoas que ele tentava ajudar. Tirando vantagem de sua dúvida, o diabo aproveita para possuir seu corpo.

O demônio que entra em seu corpo se identifica como Baal, o qual também é conhecido como Belial, mas se refere essencialmente a Belzebu. É o mesmo demônio que tentou Jesus no deserto, desafiando-o a transformar pedras em pães, e a pular de um rochedo.

Nesse ponto do filme, um jovem estudante de teologia intervém. Esse estudante é o futuro exorcista da diocese de Chicago, mas ainda inexperiente. Também não está totalmente convencido de que o diabo existe, mas por fim ele abre seu coração à fé e começa sua batalha contra o diabo.

Quando o diabo pergunta ao jovem exorcista: "Você acredita em mim?", ele responde: "Acredito no diabo, mas pela mesma razão também acredito no poder de Deus. E também creio que o poder de Deus é mais poderoso que o do diabo". É nesse momento que ele derrota e expulsa o diabo. É assim que funciona um exorcismo bem-sucedido.

A Fé Tem o Poder de Nos Livrar do Mal

Então, qual é a chave para o sucesso desse exorcismo? Para expulsar o diabo quando ele possui uma pessoa, é importante que tanto o exorcista quanto a pessoa possuída tenham uma fé muito forte. Se a pessoa possuída tiver uma fé forte, o poder da fé vai trabalhar a partir de seu interior. Então, quando esse poder for combinado com o poder externo da fé do exorcista, o diabo poderá ser expulso. Porém, é difícil exorcizar o diabo quando apenas uma das partes tem fé. A chave do sucesso do exorcismo depende da fé de ambos.

Eu tenho o poder para expulsar o diabo, seja a espécie que for de demônio, contanto que a pessoa que esteja possuída tenha suficiente fé. Mas, se ela acreditar mais no diabo, ou agir conforme a vontade dele, e não acreditar em El Cantare, nem mesmo eu poderei expulsar o demônio, a menos que seja um caso excepcional. Isso porque o coração da pessoa fica mais próximo do diabo e a pessoa se torna, de certo modo, um dos companheiros dele.

Como você pode ver, se uma pessoa se aliar ao diabo, este ficará com ela, não importa quanta ajuda venha de fora. Quando isso acontece, a pessoa experimenta uma série de infortúnios, e nós não poderemos fazer nada, exceto esperar até que a pessoa se torne consciente de que, para afastar o diabo, suas ideias e seu modo de vida precisam ser corrigidos.

Em primeiro lugar, pessoas de fé não são possuídas pelo diabo. Em alguns casos, talvez as pessoas de fé tenham de encarar a possessão por um demônio da classe dos diabos como uma espécie de prova à sua fé. Mas se a fé delas for firme e inabalável, se elas não sucumbirem às tentações de ideias mundanas, como "vencer ou perder", "sucesso ou fracasso", o diabo não poderá continuar a possuí-las por muito tempo.

Por exemplo, vamos supor que um de nossos membros dispute uma eleição nacional. Mesmo que não se eleja porque muitas pessoas não confiam nele, não deve se sentir desencorajado nem duvidar da fé apenas porque não ocorreu um milagre. Se isso acontecer e o diabo o possuir, e fizer com que ele fique doente, será muito difícil salvá-lo. Mesmo que você seja derrotado em uma eleição, deve considerar esse fato da seguinte maneira: "Este é um teste de força para a minha alma. Estamos fazendo sacrifícios para 'seguir direito o caminho do Senhor'. Estamos percorrendo uma trilha espinhosa para abrir caminho para o sucesso. A partir de agora, o meu coração não irá se abalar por causa disso. A minha tarefa é aumentar o número de pessoas que creem em nós e nos apoiem, e que queiram se juntar ao movimento da Happy Science. Mesmo que o progresso seja lento, avançarei passo a passo. Não vou permitir que minhas preferências pessoais me impeçam de desempenhar minha missão".

Contanto que você mantenha esse sentimento no coração, o demônio nunca conseguirá se apossar de você. Lembre-se: o nosso caminho neste mundo é cheio de pedras nas quais podemos facilmente tropeçar. Não deixe que sua fé se vá só porque você tropeçou numa pedra. Mantenha sua fé forte, e não desista jamais, não importa o que tenha de enfrentar.

Capítulo 3

UMA NOVA ERA DE
ESPIRITUALIDADE

---- ※ ----

A Restauração da Espiritualidade no Mundo Atual

No decorrer da história, testemunhamos a mudança de uma era de espiritualidade para a era moderna do conhecimento, da informação e da tecnologia. Mas agora estamos entrando em um tempo de restauração da espiritualidade. Vários movimentos religiosos tentaram restabelecer a espiritualidade durante os últimos cem anos. No entanto, o fluxo da civilização moderna parece ter sufocado esses movimentos religiosos.

Hoje, um número cada vez maior de pessoas acredita que a tecnologia, o conhecimento e as realizações mundiais são maneiras mais confiáveis, exatas e diretas de obter resultados concretos do que a religião. Diante disso, a questão de saber se as pessoas acreditam ou não na religião perdeu sua relevância, e tudo o que diz respeito à religião regrediu.

A alquimia, uma antiga forma de crença religiosa, também está em declínio há mais de um século. O jornalismo moderno tende a retratar elementos e conceitos ligados à alquimia como se estivessem caracterizando um culto. A mídia está predisposta a consolidar a crença de que nada pode desafiar as regras comuns do mundo. Mas se trata apenas de uma questão de diferenças de perspectivas.

Coisas desconhecidas sempre parecem misteriosas para as pessoas. Por exemplo, antes da invenção da televisão, as pessoas não podiam acreditar que uma máquina com formato de caixa fosse capaz de mostrar imagens, reproduzir sons e transmitir informações. Quando o telégrafo surgiu no Japão, algumas pessoas amarraram pacotes nas linhas elétricas, pensando que o telégrafo poderia entregá-los.

Alguns consideram os aspectos místicos da religião como sendo "velhos" e obsoletos, simplesmente por existirem desde os tempos primitivos. Essas pessoas parecem pensar que, para poderem entrar em uma nova era, precisam se livrar dessas "velhas" ideias.

Por exemplo, os médicos da era moderna creem que não podem salvar alguém doente se não tiver como substituir uma parte do corpo, que a única maneira de curar a doença é remover a parte afetada, e que não há outra maneira de um doente sobreviver se não tomar remédios pelo resto da vida. Esse tipo de pensamento materialista se tornou a regra no campo da medicina. Já que não acreditam no poder místico da fé, os hospitais de hoje tratam o corpo humano como se fosse uma máquina quebrada. Isso é verdadeiro sobretudo em casos de doenças graves.

Há cerca de vinte anos, a Happy Science não era conhecida como uma religião que se identificava pela cura de doenças, e isso, aliás, nem fazia parte dos meus planos no princípio. No passado, cheguei a pensar que, do ponto de vista prático, era mais eficiente ir até o hospital para seguir um tratamento ou tomar um remédio do que procurar uma religião. Naquela época, eu pensava que seria melhor que nossa organização se concentrasse mais na doutrina do que se preocupar com a cura de doenças. Talvez minha formação acadêmica e profissional tenha algo a ver com isso.

Nessa ocasião, tive uma entrevista com o sr. Shoichi Watanabe, conhecido crítico cultural e estudioso da língua inglesa. Ainda me lembro de que ele disse não conhecer nenhuma religião que não curasse as doenças. Talvez fosse a vida moderna e racional que até então eu vivia que teve uma influência demasiadamente grande sobre mim.

Atualmente, conforme as pessoas melhoram seus campos de trabalho e de estudos, passam cada vez mais a ter dificuldade para desenvolver um coração aberto e uma verdadeira fé. O conhecimento que possuem se torna um obstáculo que começa a fechar o canal de comunicação com o Mundo Celestial. Elas ampliam sua rede de contato para se comunicarem com os outros na Terra, mas seu canal que interliga o Mundo Celestial e o Mundo Terreno passa a não funcionar mais.

Por meio de uma série de mensagens espirituais e outros fenômenos espirituais, provei que existe um canal de conexão interior entre o Mundo Espiritual e a Terra. Quando estamos conectados com o Mundo Celestial, podemos receber a luz espiritual ou mensagens de nosso espírito guardião e de nossos espíritos guias. No começo, eu era o único que estava mostrando a prova de que existe esse canal de conexão espiritual. Porém, recentemente, meus discípulos também começaram a aprender a fazer isso.

Em princípio, não é difícil criar uma conexão entre o Mundo Espiritual e o Mundo Material – você simplesmente precisa aceitar a Verdade Divina ou Búdica. No entanto, às vezes não conseguimos compreender claramente essa Verdade. Por exemplo, quando um vidro está embaçado ou sujo, a luz não pode atravessá-lo totalmente. Da mesma maneira, nuvens ou poeira podem ir se acumulando na janela de nosso coração enquanto vivemos neste mundo. Por isso, precisamos limpá-la por meio da autorreflexão e aumentar a pureza do nosso coração, para que a luz celestial passe entrar em nosso interior.

Sucessivos Fenômenos Místicos São a Prova dos Milagres

Espíritos guardiões e espíritos guias têm descido e nos concedido suas luzes por meio de fenômenos de mensagens espirituais. No entanto, o modo racional de pensar das pessoas nega a ocorrência desses fenômenos espirituais com argumentos fracos ou inconsistentes. Muitas vezes, essas pessoas só podem dizer: "Nunca vi ou ouvi falar disso". O motivo que as leva a negar a existência do mundo espiritual com frequência é que não testemunharam pessoalmente esses fenômenos espirituais. No entanto, tais fenômenos estão ocorrendo em grande quantidade.

Ao contrário da matemática, os fenômenos espirituais nem sempre levam aos mesmos resultados. Não se trata de uma experiência química na qual se associam dois átomos de hidrogênio a um de oxigênio para formar água. Nem podemos pretender obter o mesmo resultado todas as vezes. O mundo moderno talvez veja o mundo espiritual como um "mundo perdido" no passado. Mas, se mostrássemos um, dois ou até três exemplos de verdadeiros fenômenos espirituais, todos os fundamentos para negar a existência do mundo espiritual iriam desmoronar.

Observe, por exemplo, a teoria mais difundida sobre a extinção dos dinossauros. Considera-se que há 65 milhões de anos um grande meteorito caiu na península mexicana de Iucatã, produzindo toneladas de poeira que cobriram a Terra de forma tão densa e por um período tão longo que os raios de sol não podiam penetrar na atmosfera. As plantas pararam de crescer, e os dinossauros morreram de fome. Os únicos animais sobreviventes foram pequenos mamíferos semelhantes a roedores que, acredita-se, estão vinculados ao homem moderno por meio de um longo período de evolução.

Não há necessidade de juntar todas as provas possíveis para refutar essa teoria. Se encontrássemos um único dinossauro no Lago Ness (Escócia), no litoral da Nova Zelândia ou no mar do Japão, então, de repente, todas as hipóteses segundo as quais os dinossauros viveram apenas nos tempos pré-históricos e desapareceram há mais de 65 milhões de anos não seriam mais válidas. Outro exemplo é o fato de muitas pessoas afirmarem que os extraterrestres não existem, mas, se pudéssemos encontrar uma única nave espacial e provar que não foi fabricada por humanos, essa teoria se tornaria obsoleta.

Da mesma forma, qualquer um pode declarar que a religião não consegue curar doenças. Não somente médicos e cientistas, mas também os meios de comunicação em massa e as pessoas em geral podem continuar afirmando que é uma mentira dizer que a fé cura doenças. No entanto, se pudermos mostrar um ou dois casos em que a fé curou uma doença da qual os médicos desistiram, considerando-a incurável e em que davam certeza de que ao paciente só restava morrer, o efeito será semelhante. As bases dessa negação irão desmoronar, e ficará provado que a religião *pode* curar doenças.

    Muitas pessoas podem não crer nem dar crédito às leis espirituais que estou transmitindo agora, que regem a cura das doenças. Baseando-se somente nas leis deste mundo material da Terra, seria muito difícil afirmar que 100% dos casos podem ser curados. Mas, se mostrarmos uma série de exemplos em que houve cura por fenômenos espirituais ou místicos, será o suficiente para provar que estão errados aqueles que declaram que a fé não pode curar as doenças. Na Happy Science temos afirmado que muitos milagres acontecerão quando nossa fé se tornar mais forte. E de fato, exatamente da forma como dissemos, temos presenciado muitos milagres. Por exemplo, depois da palestra que fiz na comemoração de meu aniversário, em julho de 2011[3], os organizadores mostraram o vídeo de um membro da Happy Science que, por estudar os ensinamentos e praticar a reflexão de seus pensamentos e atos, havia se recuperado totalmente de um câncer terminal ao realizar orações nos templos da Happy Science.

    Além do mais, em relatórios recentes, li testemunhos sobre câncer, aneurismas da aorta, edemas pulmonares e outras doenças graves que foram curadas pela

---

3. Esta palestra foi compilada no capítulo 5 deste livro.

fé. Outro relatório conta a história de um fiel que foi curado depois de ter o dedo quase arrancado por uma mordida de cachorro. Existem ainda muitos outros relatos de cura espiritual. A religião com certeza não deve ser menosprezada.

É importante fornecermos provas à medida que os exemplos surgem. De novo, se alguém declarar que viu um dinossauro e até trouxer uma foto para comprovar esse fato, os céticos irão lhe dizer: "Não acreditamos em algo que não vimos com nossos próprios olhos", ou "O dinossauro da foto não é real. É apenas uma réplica de dinossauro". Porém, se pegarmos um dinossauro no Lago Ness, outro em um lago no Japão, outro no lago Baikal, na Sibéria, e mais um no oceano Pacífico, essas mesmas pessoas não poderão mais negar que os dinossauros existem.

O público geral talvez tenha dificuldade para acreditar nisso, mas os fatos não mentem: quando o grande terremoto atingiu a parte leste do Japão, o tsunami evitou as casas e áreas em que viviam membros da Happy Science. Se algo semelhante acontecer de novo, e se um tsunami de novo evitar atingir as casas de nossos fiéis, então os céticos vão começar a acreditar em milagres. Acredito que uma série de fenômenos místicos sucessivos vai fornecer a prova concreta do poder da fé e do Mundo Espiritual.

Os Milagres São a Resposta de Deus aos Que Têm Fé

Há muitos lugares nesta Terra, igrejas, templos e outros, onde se ensinam o que é a fé. Porém, mesmo aqueles que estão rezando nas igrejas provavelmente não têm certeza absoluta de que o mundo real de fato existe, que Deus ou Buda realmente existem, ou se os seres divinos e anjos que os assistem realmente existem.

De fato, as ocorrências inesperadas de fenômenos milagrosos sobrenaturais são as respostas àqueles que têm fé. "Bata e a porta se abrirá". Essa é a resposta que será obtida através da fé. Esses fenômenos milagrosos estão aumentando gradativamente. À medida que aumentar o número de pessoas que tiverem fé, maior será a quantidade de milagres.

Neste mundo, inúmeras ondas eletromagnéticas invisíveis aos nossos olhos estão sendo transmitidas por toda parte. Da mesma forma são transmitidas as ondas mentais de centenas de milhões de pessoas. Assim, se a maioria das pessoas concordar com a forma de pensar materialista ou com a visão da ciência e das ideias convencionais, esses pensamentos poderão impedir que ocorram os milagres que deveriam acontecer. Mas, quanto mais pessoas souberem a respeito dos milagres que ocorrem através da Happy Science e acreditarem que esses milagres de fato acontecem, então essa fé vai criar um campo energético que manifestará os milagres.

Mesmo neste mundo material tridimensional, podemos criar espaços com portais para as dimensões espirituais mais elevadas, tornando esses locais pontos de energia para manifestar milagres. Os templos matrizes "Shoshinkan" e os templos especiais "Shoja" da Happy Science são exemplos práticos dos locais onde se formam esses pontos multidimensionais que propiciam a ocorrência de milagres e fenômenos espirituais.

Vários fenômenos espirituais também podem se manifestar quando as pessoas que têm fé assistem a algum vídeo ou ouvem gravações de minhas palestras. Existe um CD com a gravação da leitura do Sutra "Ensinamento Búdico: Darma do Correto Coração", feita por mim, que pode ser adquirido na Happy Science por fiéis que fizerem o "Juramento de Devoção aos Três Tesouros", e que ao ser tocado detecta e bloqueia o fluxo de energias negativas. Tenho ensinado frequentemente sobre os benefícios do "Darma do Correto Coração". Eu mesmo experimentei o grande poder desse sutra quando o usei em diversas ocasiões.

Todas as vezes que me sinto triste, cansado ou nervoso, toco o CD do Sutra "Darma do Correto Coração". Se o toco em baixo volume, não surte um efeito tão bom, mas quando aumento o volume do CD, rapidamente ocorrem reações e consigo descobrir o problema que estava incomodando. Por exemplo, posso descobrir que um dos monges superiores de nossa organização está com problemas e precisa de ajuda. Isso não quer necessariamente dizer que as almas dessas pessoas viajaram até mim; na verdade, são as ondas mentais que vieram até mim. Às vezes, capto os pensamentos de pessoas que encontrei em lugares onde realizei palestras, ou na rua, ou ainda em vários outros lugares. Na maior parte dos casos, eles vêm a mim com problemas. Costumam ir embora assim que soluciono suas questões, e se sentem satisfeitos com minhas respostas. Trata-se de um exemplo do tipo de fenômeno espiritual que costumo experimentar.

"O Darma do Correto Coração" é especialmente eficiente para revelar os espíritos malignos que causam doenças ao se conectarem constantemente a uma pessoa doente. Os espíritos malignos sofrem ao ouvir "O Darma do Correto Coração". Então, ao tocar várias vezes o CD, você será capaz de fazer com que esses espíritos malignos finalmente deixem a pessoa doente.

Esse CD é tão eficiente que às vezes os espíritos malignos ficam incomodados e vão embora no exato momento em que penso em tocar o CD, antes mesmo que eu tenha agido. No entanto, escutar "O Darma do Correto Coração" ainda é uma ação passiva. Se você se puser a estudar os ensinamentos da Verdade Divina e Búdica e aprofundar a compreensão que tem dela, vai aumentar ainda mais a eficiência desse sutra.

Despertar para a Espiritualidade Não é Coisa do Passado

O espírito do budismo é que as pessoas se aprimorem espiritualmente para se tornarem um *buda*. Mas, se entendermos que ser um buda significa se transformar num grandioso espírito de luz, a realização dessa missão não será algo tão fácil. No entanto, se o significado for tornar-se uno com Buda através do despertar espiritual, isso será possível a todas as pessoas.

De certo modo, você alcançará o primeiro nível da iluminação quando despertar para a Verdade espiritual e se conscientizar de que é um ser espiritual. E que, por isso, se o seu coração vibrar de forma negativa, irá facilmente atrair maus espíritos, e se vibrar de forma positiva, irá atrair bons espíritos. Também vai entender que o outro mundo e este não estão totalmente separados, mas que, de fato, é um mundo único de frente e verso, como os dois lados da mesma moeda, que estão interligados e que interagem um com o outro. Você precisa compreender que tais Verdades não são apenas coisas de uma filosofia das pessoas do passado. É isso o que significa "despertar para a espiritualidade".

Os povos antigos acreditavam na ressurreição espiritual, mas também temiam que os mortos voltassem como zumbis. Ficavam preocupados com a possibilidade de que os mortos saíssem do túmulo e fossem atrás deles, de um modo semelhante aos Jiang Shis (corpos reanimados, do folclore chinês), que são equivalentes aos demônios das antigas civilizações. Por isso, alguns povos antigos costumavam juntar as mãos e quebrar os pés dos mortos, e colocar pesadas pedras sobre a barriga, para que eles não pudessem voltar.

Nos velhos tempos, as pessoas costumavam acreditar que os mortos tinham três destinos possíveis: retornar ao mundo espiritual e descansar em paz, ir para o Inferno ou tornar-se um espírito errante e permanecer no mundo terrestre. Pode parecer uma crença antiga, mas ainda hoje há pessoas que acreditam que, dependendo de como foi o funeral, não conseguirão descansar em paz.

Vivemos numa época de tecnologia avançada, e a televisão, a internet e o telefone celular se espalharam pelo mundo todo. Mas nossa tecnologia não nega essa visão de um mundo do além. Em vez disso, a televisão, a internet, os telefones celulares e dispositivos similares são ferramentas modernas que de fato nos ajudam a provar a existência do mundo invisível.

É realmente incrível que possamos interagir e trocar mensagens e fotos com pessoas que estão do outro lado do mundo. Na verdade, interações equivalentes também são possíveis no mundo espiritual. De fato, posso captar as ondas mentais de diferentes pessoas todos os dias. Posso ouvir a voz delas e até ver aquelas que mandam pensamentos intensos e concentrados para mim. E também converso frequentemente com diversos espíritos, sobretudo no momento do amanhecer. Hoje, a tecnologia científica trouxe os trabalhos desse mundo material para bem perto da maneira como as coisas funcionam no mundo espiritual. Quero que todos reconheçam que, apesar dos avanços tecnológicos, não é possível provar que o mundo espiritual não existe.

A prova de que a era da espiritualidade está aqui pode vir de várias maneiras. Algumas pessoas podem se recuperar milagrosamente de doenças que eram consideradas incuráveis, enquanto outras podem experimentar fenômenos espirituais, como, por exemplo, ouvir a voz de espíritos ou sentir a luz cálida que flui do Mundo Celestial. Outras pessoas podem ver partículas douradas descendo do céu.

Em muitos casos, as pessoas obtiveram resultados extraordinários, acima e além da capacidade delas. Algumas experimentam encontros com outras, que sentem que não foram por acaso, sentindo como se um poder invisível as tivesse guiado. Fenômenos desse tipo provam que várias forças invisíveis estão ajudando os resultados na Terra, a partir do mundo espiritual.

As leis do coração sempre vão atuar independentemente dos avanços da nossa civilização material. Ninguém pode mudar essas leis mentais e a regra espiritual segundo a qual os humanos reencarnam entre este mundo e o outro. Por favor, lembre-se disso.

Leituras Espirituais Revelam Memórias dos Extraterrestres

Atualmente, estou empregando diversos poderes espirituais, e acredito ser uma das pessoas que possuem o nível mais alto de poder espiritual neste mundo. Tenho poderes espirituais equivalentes aos Seis Poderes Divinos ensinados pelo budismo, e posso realizar a leitura de vidas passadas e de carma utilizando minhas habilidades de clarividência.

Por exemplo, posso olhar para a vida passada de uma pessoa, antes de ela ter nascido neste mundo, e descobrir a causa dos graves problemas de saúde pelos quais ela está passando na vida presente; por exemplo, alergias. Também posso ver através do corpo das pessoas, como se fosse uma tomografia computorizada ou uma radiografia humana, e dizer-lhes onde elas têm problemas.

Além do mais, tenho a capacidade de me comunicar com a consciência dos órgãos. Os médicos se espantariam ao ouvir isso, mas para mim é como se eu estivesse falando com alguém. Por exemplo, posso falar com a consciência de um rim, e perguntar por que motivo ficou doente. Posso ouvir sua resposta e encontrar a causa da doença. Se os médicos me vissem tendo conversas com órgãos, provavelmente ficariam chocados. Mas ler o corpo, ou fazer sua leitura física, é realmente uma das minhas habilidades espirituais.

Outro tipo de leitura que costumo conduzir na Happy Science são leituras de espíritos de pessoas que já foram extraterrestres. Muitos canalizadores (médiuns) no mundo todo afirmam ter recebido mensagens de alienígenas do espaço ou ser capazes de ouvir suas palavras. Já li esse tipo de livro, mas eles falham totalmente no que diz respeito à descrição dos planetas dos extraterrestres. Isso me faz questionar se eles realmente ouvem as palavras das pessoas do espaço. Na maior parte dos casos, esses canalizadores estão apenas recebendo as palavras de espíritos da Terra que se identificam como extraterrestres.

Por outro lado, na Happy Science, conduzimos leituras de pessoas que já viveram no espaço como uma extensão das leituras de vidas passadas, conforme expliquei anteriormente. Essas leituras varrem profundamente as lembranças de pessoas que hoje vivem na Terra; à qual voltamos milhares, centenas de milhares e até milhões de anos para explorar a história da alma antes que ela chegasse à Terra. Essa leitura vai além do tempo e do espaço, e resgata a memória da alma de um tempo em que ela ainda vivia em outra parte do universo. É como entrar por um buraco de minhoca, isto é, uma fenda espacial, escorregar para outro tempo, resgatar a consciência da pessoa oriunda de outra era e conversar com ela.

Esse tipo de leitura é possível porque sou capaz de retroagir nos registros da memória até um passado muito longínquo, mais longe do que se costuma conseguir nas leituras de vidas passadas. Você deve se perguntar como faço isso. Pode parecer um tanto antiquado, mas é semelhante a voltar a tocar música em uma vitrola. Se pudermos estabelecer uma conexão com a parte antiga da alma, poderemos "tocar de volta" essa memória. É assim que consegui trazer de volta as antigas lembranças de várias pessoas que viveram no espaço, permitindo que essas almas voltassem à vida por meio de suas mensagens espirituais.

Até agora, nunca ouvi falar de outros casos de leituras com pessoas que viveram no espaço, isto é, extraterrestres, feitas dessa forma. Algumas pessoas podem afirmar que isso é impossível, mas não há como contestar que podemos fazê-lo, porque de fato estamos fazendo.

O Uso do Poder Espiritual para Realizar Exorcismos e Curar Doenças

Além de conduzir leituras de extraterrestres que agora estão encarnados na Terra e conversar com espíritos, também posso atrair a luz do Mundo Celestial e emiti-la quando quiser. Se eu sou capaz receber e emitir a luz de Deus ou a luz do Mundo Celestial, então você também deveria ser capaz de emitir essa luz quando quisesse. Porém, as pessoas tendem a desenvolver uma inclinação a ser ativas ou passivas. Aqueles que são dinâmicos e ativos em geral têm dificuldade para desenvolver um papel passivo. Por outro

As Leis da Imortalidade

lado, algumas pessoas de nosso grupo capazes de receber mensagens percebem que essa habilidade frequentemente se limita a ouvir a voz dos espíritos, e não são capazes de atuar ativamente na emissão de uma luz espiritual.

No meu caso, costumo usar as mãos para conduzir leituras espirituais e emitir a luz espiritual. Também posso realizar exorcismos ao atrair o poder espiritual e emiti-lo com as mãos. Ao irradiar uma forte luz espiritual, posso expulsar o espírito maligno que estiver possuindo uma pessoa.

Ao adquirir a capacidade de fazer isso, é possível promover a cura expulsando os espíritos malignos que causam as doenças. No entanto, quando o espírito maligno tem algo a dizer, você precisa ouvir os motivos que o levaram a se conectar a essa pessoa antes de persuadi-lo a ir embora. É muito difícil conseguir expulsar espíritos malignos, a menos que você consiga fazer com que eles aceitem ir embora. Para convencê-los a isso, você precisa aprofundar sua sabedoria e adquirir certo nível de compreensão da Verdade, conforme ensinamos na Happy Science.

Alguns espíritos malignos são extremamente fortes e nos atacam de forma agressiva. São chamados de demônios. Esses seres aproveitam a mínima oportunidade para atacar organizações religiosas e líderes espirituais porque sabem que perderão seus lugares no Inferno à medida que as Verdades Divinas forem difundidas neste mundo. Nesse caso, às vezes temos de enfrentar batalhas extremamente difíceis.

Se tiverem a mais ínfima chance, os demônios podem atacar através das pequenas falhas aqueles que são de boa índole e de coração puro. Um exemplo disso se encontra na antiga história de Jesus ao passar quarenta dias de treinamento ascético no deserto. Quando Jesus estava passando fome, o demônio Belzebu apareceu e tentou convencê-lo a transformar uma pedra em pão para provar que era o filho de Deus. Belzebu também tentou enganar Jesus, incentivando-o a pular do alto de um templo, já que um anjo viria salvá-lo, se de fato ele fosse o filho de Deus, como o Antigo Testamento profetizara. Essas histórias se encontram no Novo Testamento (Mat 4:1-11).

Buda Shakyamuni também teve uma experiência semelhante, segundo as escrituras budistas. Um dia, ele saiu para pedir comida, mas como era um dia de festa, havia poucas pessoas no vilarejo, e ele não ganhou nada. Estava voltando para casa com a tigela vazia, quando apareceu um demônio, incentivando-o a tentar em mais uma casa, e dizendo-lhe que dessa vez Shakyamuni com certeza iria conseguir algo. Ocorre que, quando a pessoa não tem nada para comer, se sente faminta e se torna obsessiva pela comida. O demônio aproveitou essa situação para tentar Shakyamuni.

Os demônios são realmente malévolos. Usam táticas extremamente más e viciosas e atacam por meio de nossas fraquezas. Aguardam por mínimos problemas que acontecem conosco em nosso dia a dia, usando-os como oportunidades para levar-nos ao caminho errado. Para combater os demônios, precisamos ter um forte poder espiritual para rejeitar as tentações e expulsá-los.

Depois de alguns anos de treinamento e prática espiritual no nosso grupo, algumas pessoas podem adquirir o poder de curar doenças, fazer exorcismos e conduzir leituras espirituais. O número de pessoas com esse poder vai aumentar gradativamente.

Enquanto Jesus estava vivo, fez a maior parte do trabalho, e seus discípulos mal chegaram a exercitar os próprios poderes espirituais. Seus discípulos o admiravam, mas não eram capazes de fazer milagres. No entanto, após a morte de Jesus e sua ressurreição, eles adquiriram o poder espiritual de fazer o que Jesus fazia enquanto estava vivo. Tornaram-se capazes de curar doenças, falar línguas estrangeiras e vivenciar muitos outros fenômenos espirituais.

É claro que as forças do mundo espiritual estavam trabalhando até certo ponto, mas a fé dos discípulos era a força principal e essencial para operar os milagres. Ao presenciar a ressurreição de Jesus, os discípulos consolidaram a fé que tinham Nele, e essa fé lhes deu o poder de fazer milagres, que os levaram a começar um trabalho de difusão em grande escala e finalmente despertaram sua paixão como missionários e espalharam o cristianismo pelo mundo todo.

O Poder da Fé Pode Superar o Pensamento Materialista

A espiritualidade não é um tema ultrapassado. Ao contrário, é o conceito mais importante para as pessoas da atualidade. A missão original da filosofia consistia em procurar respostas às questões fundamentais: "O que são os humanos?" e "Qual é a natureza essencial dos seres humanos?". Entretanto, a filosofia moderna não cumpriu essa missão. Nem a ciência moderna, que ainda está atrelada à teoria segundo a qual os humanos são como máquinas. Mas agora a Happy Science está fornecendo respostas claras a essas perguntas.

Aqueles de nós que acreditam no poder da fé nunca devem se sentir desanimados. Precisamos continuar a seguir firmemente adiante. Você não deve hesitar em sua missão, mesmo quando alguém afirma que não existem provas concretas de que a religião possa curar doenças. Lembre-se do exemplo dos dinossauros. Se apenas um monstro do Lago Ness fosse encontrado vivo, toda a sustentação da negação de sua existência iria desmoronar automaticamente. Da mesma maneira, se uma doença

As Leis da Imortalidade

considerada incurável pelos médicos for curada pela fé, será suficiente para negar a teoria de que a religião não pode curar doenças. Por isso, estamos compilando provas desses casos.

O pensamento materialista e a descrença ainda são fortes demais, motivo pelo qual nosso trabalho de difusão no Japão não está progredindo como esperávamos. Se considerarmos a quantidade de esforços e atividades que desenvolvemos no Japão, verificamos que não há um aumento proporcional daqueles que têm fé. Isso provavelmente se deve ao fato de a sociedade atual ser dominada por ideias que negam a possibilidade de milagres da fé.

As ideias convencionais ensinadas pela educação materialista estão profundamente enraizadas no coração das pessoas. Os povos foram iludidos a pensar que aqueles que acreditam em milagres são ingênuos e estúpidos. Precisamos provar que isso não é verdade, e nos tornarmos a poderosa força que irá manifestar os milagres.

A descrença na religião e na espiritualidade transformou-se numa poderosa força que impede o acontecimento de milagres pela fé. Precisamos erradicar essa forma de pensar. Pelo fato de ainda sermos minoria, precisamos ter uma fé inabalável para fazer avançar nossa crença. Tendo isso firme em nosso coração, minha esperança é que sigamos adiante rumo a uma nova era de espiritualidade.

Capítulo 4

O DESPERTAR ESPIRITUAL PARA A NOVA ERA ESPACIAL

Aprendendo sobre os Extraterrestres

Tenho conduzido muitas leituras espirituais de pessoas que já viveram em outra parte do universo, e objetivando publicá-las, reuni provas abundantes acerca da existência de extraterrestres e informações detalhadas sobre eles.

Minha experiência com extraterrestres me faz lembrar de experiências anteriores que tive. Entre 1981 e 1986, antes de fundar a Happy Science, gravei e transcrevi mensagens recebidas de Espíritos Superiores do Mundo Celestial. Revisei cada uma dessas transcrições, analisando seus detalhes, e sempre procurei me certificar de que seu conteúdo fosse realmente ditado por

Nichiren, Kūkai[4] e Jesus. Agora, 25 anos depois, minhas pesquisas espirituais me levaram ao universo cósmico.

Voltando aos anos 1980, quando gravei as mensagens espirituais, lembro-me de ter ficado assustado por ser capaz de conversar com "Espíritos Elevados" de importantes personagens históricos. Agora, também fico impressionado diante do fato de poder acessar as memórias de vidas passadas das almas antes mesmo de se tornarem pessoas na Terra – quando ainda viviam no espaço sideral – e estabelecer com elas um diálogo em tempo real.

Muitos de vocês provavelmente já imaginaram que existe vida extraterrestre em algum lugar do universo. Agora vou começar a lhes revelar, aos poucos, informações detalhadas sobre quem eles são, qual é sua aparência e como pensam.

Essa investigação com pessoas vindas do espaço começou com fragmentos avulsos de informações. Mas, gradualmente, esses pedaços de informação começaram a revelar conexões entre diferentes tipos de extraterrestres. Algumas peças ainda estão faltando, mas começamos ver a imagem como um todo.

---

4. Kūkai foi um monge japonês que fundou a escola de budismo esotérico Shingon, ou "Palavra Verdadeira" (774–835). Kūkai é famoso por ter sido calígrafo e engenheiro, e também funcionário público, estudioso, poeta e artista.

Esse processo é semelhante a completar um quebra-cabeça. Imagine que está juntando as peças de um quebra-cabeça da Terra. À medida que trabalha nisso, uma imagem parcial começa a aparecer, e você pode imaginar: "Isto é a África?". "Isto poderia ser a Austrália?" "Isto é parecido com os Estados Unidos". É mais ou menos assim que minha pesquisa está evoluindo atualmente. O quebra-cabeça ainda não está completo, mas estou prestes a juntar diversas peças de informação.

Método de Leitura Espiritual de Extraterrestres

Para reunir informações sobre pessoas que vieram de outras partes do universo, utilizo um método chamado leitura espiritual de extraterrestres, que descobri apenas recentemente. Ainda não me está muito claro como funciona esse mecanismo de leitura, de forma que não posso descrever exatamente como e por que é possível.

Ensinamos na Happy Science que depois que as pessoas morrem e voltam ao outro mundo, podem passar por uma revisão resumida da própria vida, como se assistissem a um filme de uma a duas horas. É como um filme biográfico, um resumo das cenas mais memoráveis vividas pela pessoa, e isso revela que tipo de vida a pessoa teve na Terra. Se você reunir apenas os momentos mais significativos, uma vida de 80 anos ou mais pode ser resumida em um filme de uma a duas horas de duração. Um grupo de espíritos assiste simultaneamente a essa projeção e, de acordo com a consciência unificada desse grupo, é emitido um julgamento, o que determina o destino dessa pessoa na vida após a morte.

No caso de leituras de extraterrestres, o limite se estende muito além de uma única vida humana. A leitura condensa as memórias registradas na história da alma desde o momento de sua criação no universo até a sua vida atual na Terra. Encontrando o ponto em que a alma era um extraterrestre, consigo visualizar a partir dessas memórias como se fosse um filme. O fato é que a consciência da alma como um extraterrestre surge como se ele estivesse vivo, tornando-se capaz de compartilhar seus pensamentos.

Atualmente, por ser uma gravação de algo que ocorreu no passado, não é possível interagir com a história ou o conteúdo de um filme enquanto está assistindo. Mas acredito que, no futuro, será desenvolvido algo que permita à pessoa que assiste interagir ou conversar com os personagens que estiverem vendo.

Por exemplo, durante uma cena de batalha entre um caubói e alienígenas, alguém da plateia poderá levantar a mão e gritar: "Olá, forasteiro, o que é isso?". A pessoa da plateia poderia perguntar: "Você é apenas um caubói. Como pode lutar contra alienígenas?". E o caubói responderia: "Porque minha arma tem um dispositivo especial que pode derrubar esse óvni se eu mirar em determinado lugar".

Hoje, estamos presenciando a mudança dos filmes em 2D para filmes em 3D. Com os progressos tecnológicos, logo será possível reconstituir a história e eventos históricos, e poderemos experimentá-los como se estivessem acontecendo no presente. Com os desenvolvimentos da tecnologia atual que já apontam para essa direção, a época dos filmes interativos deve chegar daqui a poucas décadas.

Minhas leituras de alma de extraterrestres funcionam de forma semelhante à maneira como os filmes interativos poderão vir a funcionar. Embora eu esteja vendo imagens do passado, posso conversar com os personagens do espaço porque suas almas ainda estão vivas. Quando faço leitura espiritual de uma alma, a consciência dessa pessoa retroage em sua memória até o momento em que viveu no espaço e é capaz de descrever antigos eventos. É assim que posso rastrear e ver as lembranças das almas até mesmo de um tempo tão distante quanto milhares, centenas de milhares e até milhões de anos atrás.

Outra maneira de explicar como ocorre a leitura espiritual de extraterrestres é compará-la com uma viagem pelo tempo, fenômeno que algumas dessas almas extraterrestres têm descrito com bastante frequência. Mesmo a estrela mais próxima da Terra fica a pelo menos quatro anos-luz de distância, o que quer dizer que a viagem até a Terra levaria no mínimo quatro anos à velocidade da luz. As estrelas mais distantes estão a milhões ou centenas de milhões de anos-luz de nosso planeta. Então, mesmo à velocidade da luz, seria necessária uma eternidade para percorrer tamanhas distâncias.

É difícil imaginar que os habitantes de uma estrela situada a 100 milhões de anos-luz de distância fossem viajar 100 milhões de anos para chegar à Terra. Uma explicação mais plausível para as viagens no tempo consiste no uso de fendas espaciais, conhecidas como buraco de minhoca, que são túneis especiais no universo capazes de comprimir o espaço e o tempo. Quando as pessoas de planetas muito distantes viajam através de fendas espaciais, conseguem percorrer grandes distâncias, e também deslocar-se milhões de anos de tempo.

Em nossos diálogos com pessoas do espaço, elas frequentemente têm dificuldade para identificar as datas exatas em que alguns eventos ocorreram. A razão disso deve estar relacionada com suas viagens através das fendas espaciais.

Existe uma antiga lenda japonesa que diz que alguns dias no palácio dos dragões celestiais eram equivalentes a vários séculos na Terra. Mas, se os seres extraterrestres tivessem que viajar através do tempo e do espaço em uma nave espacial, seria possível que 100 milhões, 500 milhões e até um bilhão de anos terrestres se passassem antes que eles chegassem a nosso planeta. Nesse sentido, os extraterrestres não seriam apenas viajantes de um passado remoto, mas também habitantes do presente. No universo cósmico, existe esse tipo de contradição.

Talvez você se lembre da história do primeiro filme da série *Planeta dos Macacos*, em que astronautas que estavam explorando o espaço chegaram a um planeta desconhecido. Lá, encontraram a Estátua da Liberdade, meio enterrada na areia, e descobriram que aquele lugar desolado outrora havia sido Nova York. Entenderam que o local em que haviam chegado, de fato, era o planeta Terra – mas no futuro, e que muito tempo havia se passado enquanto estavam viajando no espaço. Realmente se passara tanto tempo que a raça humana estava quase extinta, e os macacos haviam evoluído até se tornarem a espécie dominante. Isso na verdade é bem possível. Da mesma maneira, as pessoas poderão viajar em máquinas do tempo para um futuro distante, mas o futuro distante ao qual chegarão poderia estar exatamente no mesmo ponto do tempo em que elas começaram a viajar.

Os princípios subjacentes à viagem no tempo e à navegação pelo espaço provavelmente estão estreitamente vinculados. Uma vez que resolvermos o mistério do tempo e do espaço, seremos capazes de explicar os mecanismos das viagens através deles.

É teoricamente possível percorrer distâncias físicas instantaneamente e viajar para diferentes pontos do tempo. O tempo com frequência é descrito como um movimento circular ou em espiral. Não avança de forma reta e linear. Ele vai para a frente e para trás, e em círculos, de forma muito parecida com uma concha de caracol. Assim, se você tiver como localizar as coordenadas do dia e da época para a qual gostaria de viajar, deveria ser possível viajar através do tempo. Os estudiosos do espaço e astrofísicos precisam explorar ainda mais esse tema. Creio que, no futuro, os princípios da astrofísica e os ensinamentos de uma religião futurista vão estar integrados.

O Poder da Clarividência

Embora eu não possa fornecer uma explicação rigorosa de como isso funciona, sei que é possível acessar o passado, o presente e o futuro em um instante. Isso talvez não seja possível para todas as pessoas, mas posso ver o passado, o presente e o futuro como se estivesse na palma da minha mão. Ao fechar a minha mão, ela se tornará um ponto; ao abri-la, se tornará o infinito. Significa que posso ver o infinito como um único ponto no tempo.

Mesmo um longo período de tempo, como centenas de milhões de anos, bilhões de anos ou até dezenas de bilhões de anos, pode ser condensado em um único ponto. Isso permitiria que viajássemos a qualquer ponto do tempo que escolhêssemos. De certo modo, o futuro já está acontecendo agora. De forma semelhante, o universo sem limites pode ser condensado em um ínfimo ponto, ou expandido infinitamente.

Certa vez realizei uma investigação por visualização remota na Área 51[5], no deserto de Nevada, em que o governo americano presumivelmente estaria escondendo óvnis e extraterrestres. Dessa forma, é possível conduzir visualizações remotas do futuro.

É possível ver eventos do futuro se eu concentrar minha atenção em um local, numa determinada data ou um tema futuro. Por exemplo, se alguém me perguntar: "O que vai acontecer no ano 3100 em um lugar específico, ou relativamente a um assunto particular?", eu poderia canalizar minha atenção e visualizar o que estará acontecendo nesse local ou em relação a esse assunto daqui a 1.088 anos. Também é possível ver remotamente que tipo de civilização vai existir em uma determinada estrela daqui a mil anos, no entanto, ainda não me envolvi com essa atividade.

Na verdade, esse é um dos dons com o qual fui abençoado através da iluminação como El Cantare, que acredito ir muito além da iluminação obtida por Buda Shakyamuni e por Jesus Cristo.

Doravante, vou ingressar em um mundo de iluminação que irá muito além do tempo e do espaço.

---

5. O mestre Okawa conduziu e gravou uma investigação por visualização remota da Área 51 no dia 4 de agosto de 2011.

Extraterrestres Revelam os Segredos da História do Gênesis

Na atualidade estão surgindo muitas pessoas, não somente no Japão mas em outras partes do mundo, que dizem poder canalizar mensagens de entidades que se identificam como extraterrestres. Mas na verdade esses canalizadores não conseguem saber se são mesmos extraterrestres ou espíritos que estão falando.

Que eu saiba, nenhum dos livros que contêm mensagens de alienígenas do espaço oferece algo além das mensagens espirituais que registrei até agora. Muitos desses textos também se parecem com as mensagens espirituais internacionalmente publicadas de Bétula Prateada e Águia Branca, duas entidades do mundo espiritual que usam antigos nomes de índios americanos para se comunicar com as pessoas da Terra. Existem poucas diferenças entre as mensagens de Bétula Prateada e Águia Branca e as comunicações que, segundo os relatos, emanam de seres do espaço.

Embora muitas pessoas afirmem ouvir a voz de extraterrestres, a descrição que fazem das estrelas de origem desses alienígenas é simples demais. São incapazes de dar qualquer detalhe, e suas descrições parecem histórias inventadas na hora. Informações desse nível poderiam facilmente proceder de um grupo espiritual de origem terrena. Percebe-se claramente que esses textos não fornecem provas suficientes de que provêm de extraterrestres.

Por outro lado, cada leitura com seres do espaço que conduzi forneceu informações interligadas. Agora que conseguimos completar muitas delas, vamos precisar comprovar sua autenticidade. À medida que conduzo mais leituras, a grande quantidade de dados sobre o assunto vai se transformando em uma informação de alta qualidade. Em geral não é possível que uma única pessoa fabrique uma grande quantidade de falsos testemunhos e consiga manter coerência, um atrás do outro. Na medida em que continuarmos fornecendo leituras autênticas, mais cedo ou mais tarde seremos capazes de ver claramente o quadro completo.

Nos últimos anos, descobri que temos fortes ligações particularmente com as estrelas de Plêiades e Vega. Ainda não identifiquei com certeza se essas estrelas têm relação com o planeta Terra em geral ou especialmente com a Happy Science, mas elas têm exercido uma forte influência sobre nossas atividades. Também aprendemos que suas raízes são estreitamente conectadas com a civilização que outrora se desenvolveu em Vênus.

No meu livro *As Leis do Sol*, ensinei que as raízes da humanidade na Terra têm origem numa civilização que existiu em Vênus, e que a entidade hoje conhecida por nós como El Cantare era conhecida em Vênus como El Miore. Por meio das leituras de extraterrestres, agora estamos descobrindo muitas coisas que não constam no livro *As Leis do Sol*, entre as quais o fato de El Cantare, ou

El Miore, ter enviado partes de sua consciência espiritual para guiar a vida em várias estrelas.

Parece que partes do corpo espiritual de El Cantare ou de sua alma irmã tomaram forma física nas estrelas que têm fortes laços com a Happy Science, como as Plêiades e Vega. É provável que a consciência central de El Cantare também tenha verdadeiramente descido nessas estrelas. Provavelmente iremos desvendar a verdade sobre essa história à medida que minhas futuras leituras progressivamente revelarem mais informações sobre as leis do universo. Por exemplo, é possível que venhamos a conhecer histórias sobre a época em que El Cantare viveu nas Plêiades e em Vega.

Entretanto, antes de alcançarmos esse patamar, mais pessoas precisam entender que o universo está repleto de seres do espaço – que são nossos irmãos e irmãs do espaço, povos estelares – que estabeleceram suas próprias civilizações em suas estrelas e em seus planetas. Uma vez que esse fato seja aceito pelas pessoas, servirá como base para o novo conhecimento que vou transmitir, e então poderei contar a história das encarnações de El Cantare em outras estrelas.

De certo modo, essas histórias são comparáveis às lendas que caracterizam a maior parte das religiões. Todas as religiões têm mitos relativos à criação que, em uma interpretação moderna, estão envoltos em mistério. Mesmo assim, alguns dos aspectos mais lendários das histórias tradicionais sobre a criação podem na realidade conter certa verdade, tornando-os ainda hoje muito relevantes.

Doravante, vou começar a ensinar um novo gênesis em escala cósmica. Esse conhecimento vai se tornar valioso para nós à medida que tentarmos compreender o futuro da humanidade. O fato de saber que existem muitas civilizações em outros planetas através do universo cósmico vai nos mostrar que temos potencial ilimitado para progredir no futuro.

As Origens da Vida Humana e Animal

Uma quantidade considerável de seres humanos que vivem atualmente na Terra tem por origem o espaço exterior. Alguns imigraram para a Terra como extraterrestres e se adaptaram pouco a pouco à vida humana. Outros chegaram à Terra como almas para residir em corpos humanos. Os extraterrestres encontraram várias maneiras de se tornar um terráqueo.

Também juntamos provas de que os ancestrais de alguns animais chegaram à Terra vindos do espaço fisicamente. Em minhas leituras descobri muitas criaturas no espaço sideral que são semelhantes a animais de estimação ou de fazendas da Terra. Contudo, por enquanto não tenho certeza de que todos os tipos de forma de vida da Terra também existam em outros hábitats no espaço; há alguns animais que ainda não encontrei no espaço. Assim, é difícil teorizar que todos os animais de nosso planeta vieram do espaço sideral em uma nave como a Arca de Noé. Suponho que alguns tenham como origem a Terra e outros tenham evoluído na Terra em diferentes formas. Consequentemente, devo dizer que a teoria de Darwin sobre a evolução, em geral aceita, está em parte correta e em parte errada.

Segundo a teoria da evolução de Darwin, a primeira vida apareceu quando um acúmulo de proteínas começou a ter movimento. Então, surgiram microrganismos que evoluíram progressivamente em anfíbios, répteis, aves e mamíferos, como os conhecemos hoje. No entanto, se você estudar minhas leituras de extraterrestres, verá que essa teoria está incorreta. Répteis, aves e mamíferos não se separaram da árvore da evolução. Na verdade, chegaram à Terra vindos do espaço exterior em algum momento da história do nosso planeta.

Nossas leituras com extraterrestres descobriram seres parecidos com cervos, coelhos, esquilos, porcos e capivaras[6] em diferentes estrelas. Também reunimos muitas evidências de que animais parecidos com répteis chegaram à Terra. Uma vez aqui, alguns mantiveram sua forma original, enquanto outros se tornaram menores ou maiores, ou adquiriram nova aparência.

---

6. A capivara é o maior roedor do mundo. É nativa da América do Sul e vive nas margens dos rios e lagos.

Os dinossauros, por exemplo, hoje considerados extintos, encontraram tantos suprimentos de comida no clima quente da Terra que seu tamanho aumentou bastante. Fósseis provam que eles tinham várias dezenas de metros de altura no auge da sua existência. Mas, segundo as leituras espirituais de extraterrestres, eram muito menores quando chegaram ao nosso planeta. Já tiveram apenas alguns metros de altura, mas seu corpo evoluiu progressivamente para as criaturas gigantescas que conhecemos. Também é possível pensar que algumas espécies que aqui chegaram originalmente como seres reptilianos possam ter evoluído para algum tipo de humano.

Eu gostaria de dedicar mais pesquisas a esse assunto no futuro. O que sei com certeza até aqui é que os cientistas modernos estão errados ao afirmar que a vida surgiu primeiro de um acúmulo de proteínas, desenvolvendo-se em espécies como ratos, para enfim evoluir até os humanos. Nesse sentido, a teoria da evolução de Darwin está incorreta. No entanto, é provavelmente certo que seres do espaço sideral tenham passado por uma forma de evolução no processo de adaptação ao novo meio ambiente da Terra.

Por exemplo, não existem provas conclusivas de que os dinossauros tenham sido extintos. Como os oceanos são vastos, as chances de que um navio cruze com uma dessas criaturas são pequenas. Mesmo assim, muitas criaturas marinhas gigantes já foram vistas, e cadáveres de animais não identificáveis já foram encontrados no mar. Então, é bem provável que criaturas marinhas gigantes ainda existam hoje. Seria interessante que eu examinasse o Lago Ness por meio de uma visualização espiritual remota. Mas o Lago Ness cobre uma ampla área e é muito profundo, de maneira que seria um empreendimento extremamente demorado se eu tivesse de procurar no lago inteiro a existência de uma grande criatura marinha.

De qualquer modo, as leituras com extraterrestres revelaram os segredos da teoria da evolução, identificando quais partes dela são verdadeiras e quais são falsas. Além do mais, mostraram que o mito da criação da raça humana, como narrado no Gênesis da Bíblia, é parcialmente verdadeiro: os seres humanos foram criados na Terra. Mas, ao mesmo tempo, leituras com essas almas de origem espacial mostram que parte da raça humana também se originou no espaço.

Relato de uma Pessoa Que Já Viveu Como Extraterrestre

Antigas lendas japonesas descrevem como os deuses construíram o Japão a partir de uma ponte parecida com uma escadaria, chamada Ama-no-uki-hashi, que conecta o mundo dos deuses, Takama-ga-hara, com este mundo. Nesses mitos, não há uma distinção clara entre Takama-ga-hara e o mundo daqui, e os deuses atravessam a ponte nos dois sentidos. Também descrevem deuses voando em aeronaves parecidas com naves espaciais chamadas Ama-no-torifune. Algumas antigas lendas japonesas nos fazem suspeitar que poderiam estar descrevendo interações com seres do espaço sideral. Por exemplo, a clássica história japonesa da princesa Kaguya, ou *O Conto do Cortador de Bambu*, parece ser a lenda de um encontro com um ser do espaço. O conto diz o seguinte:

> Um dia, um velho homem estava cortando bambu em um bambuzal quando percebeu uma luz brilhando dentro de um dos talos. Aproximando-se, descobriu uma linda garotinha, de cerca de dez centímetros de altura, sentada nele. O homem a levou para casa e cuidou dela. Em apenas três meses, a garota cresceu rapidamente, transformando-se em uma linda jovem de tamanho normal. Era linda como uma princesa, então foi chamada "princesa Kaguya". Um dia, a princesa Kaguya disse de repente: "Quando chegar a próxima lua cheia, devo retornar à Lua. Pessoas da Lua virão me buscar". Como ela predisse, vieram as pessoas da Lua e a levaram em uma carruagem sobre uma nuvem brilhante, como está descrito nos rolos de pergaminho de *O Conto do Cortador de Bambu*. Do telhado, os guardas enviados para proteger a princesa Kaguya tentaram lançar flechas, mas ficaram paralisados e não puderam se mexer.

Essa história se assemelha a relatórios recentes de abdução por alienígenas do espaço. Nesses relatórios, as vítimas disseram que ficaram com o corpo totalmente imobilizado, à mercê dos abdutores. Isso sugere que *O Conto do Cortador de Bambu* está baseado em acontecimentos reais.

Outra coisa que sugere que a princesa Kaguya possa ter sido um ser do espaço é que ela era extremamente pequena quando o velho homem a encontrou, mas então cresceu até alcançar o tamanho de um adulto humano em um período de tempo muito curto.

Seres oriundos de Vega nos disseram, nas leituras de extraterrestres, que eram capazes de mudar para qualquer forma que quisessem. Também é possível que existam pessoas do espaço muito pequenas, semelhantes aos elfos. Quando eu era criança, vários pequenos óvnis de cerca de 30 centímetros de diâmetro foram vistos em Kochi, uma região vizinha de Tokushima, lugar onde nasci. Muitas fotografias comprovam isso. Se os seres do espaço viajavam nesses pequenos óvnis, deviam ser muito pequenos, como a princesa Kaguya quando estava dentro do caule do broto de bambu. Então, é bem provável que exista esse tipo de seres do espaço.

A Happy Science e os Segredos do Universo

Venho me dedicando muito desde que comecei a transmitir as leis do universo, dois anos atrás, no começo de 2010. Se eu mantiver esse ritmo por mais três anos, provavelmente serei capaz de descobrir mistérios ainda mais profundos do universo.

Muitas pessoas ainda são céticas em relação às Verdades que ensino sobre o mundo espiritual, agora que estou começando a desvendar os mistérios do espaço. Embora muita gente ainda nem esteja convencida de que o mundo espiritual existe, estou tentando guiá-las através do mundo do espaço sideral. Isso não seria possível sem a confiança e o apoio dos seguidores da Happy Science.

Como ocorre com qualquer religião, os aspectos místicos dos meus ensinamentos atraíram críticas, mas isso não passa de uma questão de fé. Você pode escolher se quer acreditar ou não. Eu gostaria de evitar os riscos dessas críticas, que, em casos extremos, podem levar à perseguição da organização. Mesmo assim, pretendo continuar minhas pesquisas tanto quanto possível, sem pôr em risco a Happy Science. Ao mesmo tempo, acredito que nosso dever, como religião, consiste em proporcionar ensinamentos que transmitam o bem. Quero ajudar as pessoas a viver uma vida decente, saudável e significativa, de maneira que não sofram nenhum problema comportamental ou dano psicológico. Também espero que meus ensinamentos possam ajudá-las a desenvolver níveis mais elevados de conhecimento espiritual, que cresçam como pessoas de caráter nobre e se tornem líderes.

A Happy Science precisa continuar a oferecer as Verdades universais comuns às outras religiões. Esses ensinamentos construíram uma base de confiança pública sobre a qual fui capaz de revelar as Verdades acerca das estruturas multidimensionais do mundo espiritual. Agora, estou prestes a desvendar os segredos do universo – sua estrutura e os princípios que o governam. As pessoas estão começando a reconhecer que o que rejeitavam como simples *slogans* são fatos reais.

Desde que comecei a expor as leis do universo, nos últimos anos, algumas pessoas podem ter achado que de repente eu estava falando de coisas absurdas. Porém, esses ensinamentos de fato já fazem parte da Happy Science desde o começo. Escrevi a primeira edição de *As Leis do Sol* há 26 anos, em 1986. O primeiro capítulo do livro é equivalente ao Gênesis. Relata como os extraterrestres chegaram à Terra e como a vida foi criada na Terra. Na época, essa explicação pode ter parecido absurda para muita gente.

Também revelei os mistérios sagrados sobre El Cantare desde o começo. Já apresentei o nome El Cantare na primeira edição de *As Leis do Sol*. Na edição japonesa de 1994, acrescentei o subtítulo "O Caminho rumo a El Cantare". Também proclamei a chegada de El Cantare no evento realizado no Tokyo Dome, em 1991.

Ao mesmo tempo que a Happy Science ensina conhecimentos úteis sobre a fé e a religião, a espiritualidade, a moral, a filosofia e a ética, sempre tivemos um lado esotérico e místico. Revelamos progressivamente mais ensinamentos místicos à medida que nossos grupos crescem e se tornam mais estabelecidos.

Quando conquistarmos mais confiança como organização religiosa, seremos capazes de fazer comentários sobre qualquer assunto, inclusive aqueles que ainda não abordamos. É bem provável também que os ensinamentos esotéricos da Happy Science abram caminhos para a ciência do futuro.

Cada um de nós deveria ser capaz de se tornar milionário se pudesse ver o futuro da sociedade. Se soubesse, por exemplo, que determinada ferrovia iria seguir determinado traçado, você poderia comprar as montanhas por onde ela iria passar e tirar proveito do dinheiro dessas terras. Da mesma forma, o fato de saber quais indústrias vão se desenvolver no futuro poderia ajudá-lo a planejar e realizar façanhas incríveis. Agora estou engajado na importante tarefa de revelar Verdades místicas e assim fornecer todas as informações que eu puder sobre o futuro da nossa sociedade.

Como mencionei anteriormente, as duas estrelas que hoje exercem maior influência sobre a Happy Science são as Plêiades e Vega. Os ensinamentos das Plêiades concentram-se na beleza, no amor, na harmonia e, até certo ponto, no progresso. Esses conceitos são semelhantes aos ensinamentos que enfatizo na Happy Science. Vega, por sua vez, parece ter forte relação com meus ensinamentos esotéricos espiritualistas sobre o poder místico da mente. A Happy Science ensina um conceito semelhante ao ensinamento segundo o qual um pensamento leva a três mil mundos[7]; isto é, que o destino e o ambiente ao seu redor podem mudar conforme seu estado de espírito. Esses profundos conceitos do budismo parecem ter raízes nos ensinamentos de Vega.

Os seres de Vega também são conhecidos por sua habilidade em refletir a aparência das pessoas como espelhos. Mostram às pessoas o que elas querem ver, e projetam qualquer forma que seu observador tiver. Também eu tenho essa característica. Sempre senti que tenho uma tendência para mostrar às pessoas o que elas querem ver. Certamente esse é o meu aspecto que mais se parece com um ser de Vega.

Um dos meus ensinamentos explica que, à medida que o mundo de dentro de seu coração muda, o mundo externo também muda. De acordo com seu estado de espírito, o mundo ao seu redor muda, seu destino muda

---

7. O princípio "Um pensamento leva a três mil mundos" foi ensinado pelo monge budista chinês T'ien-t'ai Chih-i (538-597). Estabelece que seu estado de espírito neste mundo determina seu destino no próximo. Também é conhecido como "Três mil reinos em um único momento de vida".

e até sua aparência muda. Pode ser que essa seja uma Verdade universal que serve de base à vida em Vega.

Empenhei-me em adaptar as Verdades ensinadas em outras partes do cosmos ao nosso planeta e ensiná-las na Terra como as Verdades Divinas. Minha missão consiste em integrar as Verdades ensinadas em várias partes do universo aos ensinamentos de civilizações bem-sucedidas em outras partes do cosmos. Minha missão também consiste em ensinar a justiça cósmica e pregar a natureza do bem e do mal segundo a perspectiva do universo como um todo.

Acredito que as leis que estou ensinando nesta minha vida terrena vão perdurar ao menos por 2 mil ou mesmo 3 mil anos, caso ninguém mais possa descobri-las e explorá-las. As Leis da Imortalidade que agora estou ensinando fazem parte das leis do universo.

Meu estudo das leis do universo acaba de começar, e pretendo dedicar minha vida à exploração desse assunto tanto quanto possível. Trata-se de algo especialmente importante, já que não creio que existam muitas pessoas capazes de continuar meu trabalho quando eu não estiver mais aqui. Consequentemente, vou me dedicar a ele o máximo que puder.

Neste capítulo, compartilhei com você o que descobri até agora sobre os segredos do universo. Minha sincera esperança é que a Happy Science continue a crescer e se torne bem estabelecida, de forma que eu possa ministrar cada vez mais esses ensinamentos místicos.

Capítulo 5

A HORA DA SALVAÇÃO
É AGORA

--- ✳ ---

O Desafio de Guiar as Pessoas do Mundo Todo

O ano de 2011 assinalou grandes marcos para a minha vida. Foi o 55º aniversário do meu nascimento na Terra, o 30º aniversário da minha Grande Iluminação e o 25º aniversário da fundação da Happy Science. Apesar de atingir esses importantes pontos decisivos, sinto que já completei cerca de 30% de minha missão na Terra. Embora a realização da minha meta final ainda se encontre no futuro, sinto-me muito grato por ter completado ao menos parte da minha missão nesta vida.

Desde que nasci, tenho trabalhado para cumprir minha missão neste mundo. Ainda assim, estou plenamente consciente de que sem a ajuda de muitas pessoas eu não conseguiria ter chegado tão longe, nem poderia continuar meu trabalho. Por isso, sou profundamente grato a todos aqueles que contribuíram para tornar isso possível.

Sempre digo para mim mesmo que não podemos assumir o papel de guiar as pessoas apenas para satisfazer nossos desejos. Realmente acredito que não se pode atingir uma posição de liderança e realizar grandes tarefas sem o apoio, a confiança e a aprovação de muitas pessoas.

Atualmente tenho emitido minhas sugestões e opiniões aos dirigentes do governo do Japão e do mundo. Sou firme em meus pontos de vista e às vezes posso parecer um pouco severo. No entanto, compreendo a posição difícil desses líderes e respeito profundamente seus esforços diários.

A responsabilidade por um país é uma tarefa extraordinariamente exigente para qualquer um. Não importa o quanto essa pessoa seja notável, ela algumas vezes pode parecer estar aquém das expectativas. Em geral isso ocorre por causa da enormidade de seu empreendimento. Por exemplo, o presidente dos Estados Unidos da América, não importa o quanto seja talentoso e extraordinário, mesmo assim pode às vezes parecer inadequado e ser alvo frequente de críticas.

Como um líder espiritual global, considero um grande desafio dar claras coordenadas para o mundo todo, ensinar sobre o seu estado ideal e indicar a direção correta a todos. Cada nação tem seus próprios objetivos. No entanto, a felicidade e satisfação de um país pode causar infelicidade às pessoas que vivem em outros países. Por isso é extremamente desafiador mostrar às pessoas de diferentes nacionalidades o caminho ideal que pode trazer felicidade à maioria das pessoas e, ao mesmo tempo, ajudar aqueles que muitas vezes se esqueceram de compartilhar essa felicidade.

Do Mundo Celestial, de um mundo elevado que está muito além da Terra, tenho acompanhado a longa história da raça humana e orientado a criação da história humana. Nesta era, desci à Terra para ensinar às pessoas do mundo todo o estado ideal ao qual elas devem aspirar. Essa é uma tarefa muito difícil de cumprir, e sinto pessoalmente o peso dessa desafiadora missão.

Considerando que a população do mundo alcançou 7 bilhões de habitantes, a influência da Happy Science ainda é muito limitada. Mesmo assim, meus ensinamentos já se expandiram por mais de noventa países[8], e em cada país nossos membros estudam, praticam e divulgam ativamente esses ensinamentos, objetivando contribuir para a criação de um mundo ideal no futuro.

Estes ensinamentos fluem como uma luz vinda de um mundo celestial muito distante, para fazer felizes

---

8. Até dezembro de 2011.

aqueles que vivem neste mundo. Esses ensinamentos são a força e a direção. Eu sou aquele que tem como missão afastar as trevas deste mundo.

Cada uma das pessoas busca a felicidade à sua própria maneira, mas, ao se relacionar com as demais pessoas, criam-se sofrimentos e tristezas, ampliando as trevas em seus corações.

Neste mundo, isso não acontece somente com os indivíduos, mas também com os aglomerados de pessoas. As empresas e os países também se esforçam para obter a felicidade, mas há casos em que esses esforços causam infelicidade a outras pessoas e países.

O ideal que alimentam em seus corações de melhorarem e serem felizes faz com que se esqueçam dos outros, acabando por prejudicar a harmonia com as outras pessoas. Essa desarmonia ocorre exatamente quando as pessoas se preocupam apenas com a própria felicidade. Os conflitos surgem quando elas, ao buscarem a felicidade, nem percebem o quanto é importante manter-se em harmonia com os outros.

Desejo de todo o meu coração que as pessoas possam alcançar um estado de verdadeira felicidade, desenvolvendo suas personalidades, e possam sentir-se bem-sucedidas. Porém, nesse processo, elas provavelmente irão se preocupar e passar por desavenças em seu relacionamento com os outros.

É muito valioso que habitem neste planeta diversos tipos de pessoas, com diferentes opiniões e ideologias. Mas se fosse apenas isso, já seria causa de muita confusão e desordem. Entretanto, tentar suprimir essas diferenças, crenças, ideias e opiniões, impondo uma única forma de pensar, criará ainda mais sofrimento e infelicidade.

Por isso, peço a todos que nunca se esqueçam de que existe um mundo que vai além deste mundo material e das coisas criadas pelo ser humano, onde se encontra o único ser supremo.

Somente será possível pôr fim aos conflitos na Terra quando nos conscientizarmos de que todas as pessoas, sociedades e nações caminham pela mesma trilha rumo a esse único ser supremo. Quando vocês despertarem para essa Verdade, serão capazes de aceitar os esforços dos outros, trabalhar em conjunto e aprender uns com os outros. Vocês serão capazes de experimentar a felicidade de saber que são todos companheiros no caminho rumo ao ser supremo.

Também precisamos ser humildes. Nos últimos cem anos, a ciência e a tecnologia progrediram significativamente. Comparados às pessoas que viveram um ou dois séculos atrás, nós temos muito mais conhecimento e informação. Se vocês viajassem em uma máquina do tempo e retornassem cem anos no passado, as pessoas poderiam adorá-los como se fossem deuses. Isso mostra o quanto estamos avançados em termos de acúmulo de conhecimento e nível de tecnologia, se comparados ao século anterior. Isso é fruto do progresso acadêmico e do avanço tecnológico de nossa civilização. No entanto, me pergunto se os 7 bilhões que vivem hoje têm melhor estado de espírito do que aqueles que viveram há cem ou duzentos anos.

Não devemos esquecer que na essência os seres humanos são almas sagradas que habitam corpos físicos. Não importa quanto conhecimento, tecnologia ou renda monetária possam obter, se por causa disso a alma perder o brilho em seu coração, a humanidade terá regredido no caminho da evolução.

A Solução dos Conflitos Religiosos

A população mundial tem crescido significativamente, e sinto que a Terra está entrando em um período de grande transformação. Neste tempo de mudança iminente, parece que as religiões mundiais fundadas entre 2.000 e 2.500 anos atrás estão encerrando sua missão. Elas se encontram em grandes dificuldades porque, na sociedade moderna, não conseguem mais salvar almas.

Mesmo o cristianismo, considerado uma das religiões mais avançadas hoje, segue as doutrinas que Jesus ensinou há mais de 2 mil anos. Parece estar em dificuldades porque não consegue mais proporcionar respostas para os problemas vividos pela população atual. Similarmente, muitos dos ensinamentos que Buda Shakyamuni transmitiu há 2.500 anos já não resolvem mais os problemas da sociedade moderna.

Da mesma maneira, as afirmações de Maomé, registradas no Corão e no Hadith cerca de 1.400 anos atrás, têm causado uma série de contradições na moderna sociedade muçulmana. Os ensinamentos estão defasados para uma perspectiva de vida adequada ao mundo atual.

Agora, neste século 21, muitas divergências surgiram entre as pessoas que acreditam nos ensinamentos muçulmanos, de 1.400 anos, e as pessoas que acreditam nos ensinamentos cristãos, de 2.000 anos atrás. Esses desentendimentos têm causado confrontos e conflitos que resultaram em guerras em diferentes partes do mundo.

Se os fundadores dessas religiões estivessem vivos hoje, provavelmente seriam capazes de adaptar seus ensinamentos conforme a necessidade da sociedade atual. Poderiam fazer novas interpretações ou sugerir concessões em diferentes pontos, buscando que os seguidores desenvolvessem a capacidade de viver em harmonia com as outras pessoas. Contudo, nas religiões que tiveram origem no passado longínquo, não é possível mudar as palavras de seus fundadores para ir ao encontro das necessidades das pessoas que vivem hoje.

Essa é uma das razões por que estou eu aqui apresentando novas perspectivas à humanidade, à sociedade, às nações e ao mundo. Estou tentando integrar os pontos de vistas das várias religiões, filosofias e ideologias, de forma a reconciliar suas discordâncias. Realizo palestras ensinando sobre uma grande variedade de assuntos, de modo que as pessoas possam aprender diferentes perspectivas deste mundo moderno. Todas as respostas podem ser encontradas nas minhas palavras.

O que ensino não é apenas para os que vivem na mesma época que a minha, mas também para as futuras gerações. As sementes do futuro também se encontram escritas em meus livros. Certamente, as pessoas do futuro – que vão nascer daqui a quinhentos, mil ou dois mil anos – encontrarão respostas para as suas questões nos meus ensinamentos.

Ao Crer na Verdade Universal, o Mundo Se Unificará

A população mundial superará os 10 bilhões, o que significa que vai aumentar a quantidade de pessoas com ideias e perspectivas diferentes. Com tanta gente oferecendo suas opiniões, pode ficar cada vez mais difícil chegar a um consenso.

Uma das características mais notáveis da democracia é a ideia de que a sociedade pode prosperar adotando a opinião da maioria. Porém, esse mesmo sistema pode criar confusão e desordem quando a população se torna muito grande. Se não fizermos nada em relação aos crescentes conflitos de opinião, receio que o sistema democrático chegue rapidamente ao fim. O fato de eu dizer isso, no entanto, não significa que os 7 bilhões de pessoas seriam mais felizes em uma ditadura militar ou tendo a tirania de um partido único para controlá-los.

Ao protegermos os direitos humanos fundamentais, nós nos damos conta de que os humanos são seres sagrados não porque as leis que criaram dizem isso, nem porque acidentalmente nasceram na Terra, nem porque podem criar e usar ferramentas, ao contrário dos outros animais. Os seres humanos são sagrados porque são filhos de Deus. Os seres humanos devem ter sua liberdade e dignidade garantidas porque são filhos de Deus. Essa é a base dos direitos humanos.

Com a força de nossa vontade, podemos produzir novas invenções e mudar o mundo para melhor. Com a força de nossa vontade, podemos construir um novo futuro. Essa é a prova de que os seres humanos são filhos de Deus.

Então, gostaria de lhes dizer que precisamos superar as diferenças e unificar as diferentes ideias. Mas isso nunca pode ser feito pela força tirânica, autocrática ou opressiva.

No mundo além deste mundo, a luz da Verdade que é universal está sempre brilhando como a estrela-guia Polar, mostrando a direção a seguir. Mesmo que não seja possível ter acesso a esse conhecimento, é importante indicar o caminho verdadeiro, em direção da Verdade universal. Acreditando nos valores sagrados do mundo desconhecido – o mundo que transcende a este –, seremos capazes de superar as diferenças de opinião, ideologia, crença, raça, cor da pele e idioma, e nos unir como um ser só.

Abrindo o Caminho para a Humanidade do Futuro

Tenho me esforçado ao máximo para evitar que haja guerras na época atual. Mas a minha essência transcende de longe os problemas de hoje. O que me preocupa é como guiar o máximo possível de pessoas no caminho correto rumo à verdadeira felicidade, agora e no futuro. Meu propósito é deixar ensinamentos que sirvam de diretrizes para as pessoas que vão nascer daqui a quinhentos, mil, 2 mil ou 3 mil anos. Preciso continuar a proporcionar ensinamentos da Verdade para o futuro da humanidade, sem me preocupar se hoje as pessoas compreendem 100% do que ensino.

Verdadeira sabedoria é do que a humanidade precisa.
Vocês devem buscar a Verdade.

A Hora da Salvação É Agora

Vocês devem se empenhar para divulgar a Verdade.
Vocês devem ter coragem de irradiar luz
Na escuridão que tenta ocultar a Verdade.

Vocês devem empreender ações vigorosas
Para criar um futuro brilhante.
Vocês não devem se deixar capturar
Pelos fracassos ou pequenos sucessos deste mundo.

Seja qual for a nacionalidade de vocês,
É a missão daqueles que divulgam meus ensinamentos
Mostrar continuamente a direção correta
Para as futuras gerações.

Talvez tenham que enfrentar disputas políticas
Ou problemas diplomáticos entre si.
Talvez enfrentem conflitos de interesses econômicos.
Não podemos evitar esses assuntos
Enquanto vivermos neste mundo.
Mas devemos fazer esforços para resolvê-los.
Devemos usar nossa sabedoria para superá-los.

Não devemos esquecer nunca que,
Além dos assuntos deste mundo material,
Somos todos iguais como filhos de Deus.

As Leis da Imortalidade

À luz dessa verdade,
Afirmo claramente que
Devemos nos libertar da forma de pensar de hoje,
E tomar coragem para viver a Verdade.

Peço-lhes que sejam fortes
Para ir em busca da Verdade,
E que tenham a coragem de segui-la,
Explorá-la e praticá-la.
Não se entreguem
À escuridão que tenta ocultar a Verdade.

Saibam que a coragem é parte da virtude.
Tenham sabedoria e coragem
E entrem em ação.

Saibam que a missão de vocês é abrir o caminho,
Não apenas para a sua própria vida,
Mas também para a dos outros.
Façam disso a sua missão:
Iluminar o caminho para as futuras gerações.

Não importa em que países vocês estejam,
É a missão
Dos escolhidos, que participam
Do movimento espiritual da Happy Science,

Continuar a assentar as bases,
Dia após dia,
Para aqueles que ainda não nasceram na Terra,
Para as futuras gerações,
E para a futura sobrevivência e prosperidade
Da humanidade.

Juntos, podemos realizar esta nobre missão
Pelo futuro da humanidade.

POSFÁCIO

Uma nova era está se aproximando.
Nós, seres humanos, precisamos descartar antigos valores
E encarar novas realidades.

Devemos desenvolver uma compreensão
Do mundo espiritual,
Dos milagres,
Dos extraterrestres.

Acreditando neles,
Experimentaremos uma mudança de paradigma,
Um novo despertar de nossa identidade como *terráqueos*.
Vocês estão a ponto de cruzar o portal
De uma nova era
Que perdurará por milhares de anos.

As Leis da Imortalidade

Com o desabrochar da nova era,
Vocês perceberão que meus ensinamentos,
As leis contidas neste livro,
São a luz-guia,
A estrela-guia Polar,
Que indica o futuro para a raça humana.

Ryuho Okawa
Dezembro de 2011

SOBRE O AUTOR

O mestre Ryuho Okawa começou a receber mensagens de grandes personalidades da história – Jesus, Buda e outras criaturas celestiais – em 1981. Esses seres sagrados vieram com mensagens apaixonadas e urgentes, rogando para que ele entregasse às pessoas na Terra a sabedoria divina deles. Assim se revelou o chamado para que ele se tornasse um líder espiritual e inspirasse pessoas no mundo todo com as Verdades espirituais sobre a origem da humanidade e sobre a alma, por tanto tempo ocultas. Esses diálogos desvendaram os mistérios do Céu e do Inferno e se tornaram a base sobre a qual o mestre Okawa construiu sua filosofia espiritual.

À medida que sua consciência espiritual se aprofundou, ele compreendeu que essa sabedoria continha o poder de ajudar a humanidade a superar conflitos religiosos e culturais e conduzi-la a uma era de paz e harmonia na Terra. Pouco antes de completar 30 anos, o mestre

Okawa deixou de lado uma promissora carreira de negócios para se dedicar totalmente à publicação das mensagens que recebe do Céu. Desde então, até abril de 2011, ele já lançou mais de 700 livros, tornando-se um autor de grande sucesso no Japão. A universalidade da sabedoria que ele compartilha, a profundidade de sua filosofia religiosa e espiritual e a clareza e compaixão de suas mensagens continuam a atrair milhões de leitores. Além de seu trabalho contínuo como escritor, o mestre Okawa dá aulas e palestras públicas pelo mundo todo.

SOBRE A HAPPY SCIENCE

---- ✳ ----

Em 1986, o mestre Ryuho Okawa fundou a Happy Science, um movimento espiritual empenhado em levar mais felicidade à humanidade pela superação de barreiras raciais, religiosas e culturais, e pelo trabalho rumo ao ideal de um mundo unido em paz e harmonia. Apoiada por seguidores que vivem de acordo com as palavras de iluminada sabedoria do mestre Okawa, a Happy Science tem crescido rapidamente desde sua fundação no Japão e hoje conta com mais de 12 milhões de membros em todo o globo, com Templos locais em Nova York, Los Angeles, São Francisco, Tóquio, Londres, Paris, Düsseldorf, Sydney, São Paulo e Seul, dentre as principais cidades. Semanalmente o mestre Okawa fala nos Templos da Happy Science e viaja pelo mundo dando palestras abertas ao público.

A Happy Science possui vários programas e serviços de apoio às comunidades locais e pessoas necessitadas, como programas educacionais pré e pós-escolares para jovens e serviços para idosos e pessoas portadoras de deficiências. Os membros também participam de atividades sociais e beneficentes, que no passado incluíram ajuda humanitária às vitimas de terremotos na China e no Japão, levantamento de fundos para uma escola na Índia e doação de mosquiteiros para hospitais em Uganda.

Programas e Eventos

Os templos locais da Happy Science oferecem regularmente eventos, programas e seminários. Junte-se às nossas sessões de meditação, assista às nossas videopalestras, participe dos grupos de estudo, seminários e eventos literários. Nossos programas ajudarão você a:

- Aprofundar sua compreensão do propósito e significado da vida.
- Melhorar seus relacionamentos conforme você aprende a amar incondicionalmente.
- Aprender a tranquilizar a mente mesmo em dias estressantes, pela prática da contemplação e da meditação.
- Aprender a superar os desafios da vida e muito mais.

Seminários Internacionais

Anualmente, amigos do mundo inteiro comparecem aos nossos seminários internacionais, que ocorrem em nossos templos no Japão. Todo ano são oferecidos programas diferentes sobre diversos tópicos, entre eles como

Sobre a Happy Science

melhorar relacionamentos praticando os Oito Caminhos Corretos para a iluminação e como amar a si mesmo.

Revista Happy Science

Leia os ensinamentos do mestre Okawa na revista mensal *Happy Science*, que também traz experiências de vida de membros do mundo todo, informações sobre vídeos da Happy Science, resenhas de livros etc. A revista está disponível em inglês, português, espanhol, francês, alemão, chinês, coreano e outras línguas. Edições anteriores podem ser adquiridas por encomenda. Assinaturas podem ser feitas no templo da Happy Science mais perto de você.

Contatos

Templos da Happy Science no Brasil
Para entrar em contato, visite o website da Happy Science no Brasil: http://www.happyscience-br.org/

TEMPLO MATRIZ DE SÃO PAULO
Rua Domingos de Morais, 1154, Vila Mariana,
São Paulo, SP, CEP 04010-100.
Tel.: (11) 5088-3800 Fax: (11) 5088-3806
E-mail: sp@happy-science.org

TEMPLOS LOCAIS
SÃO PAULO
Região Sul: Rua Domingos de Morais, 1154, 1º andar,
Vila Mariana, São Paulo, SP, CEP 04010-100.
Tel.: (11) 5574-0054 Fax: (11) 5574-8164
E-mail: sp_sul@happy-science.org

Região Leste: Rua Fernão Tavares, 124, Tatuapé,
São Paulo, SP, CEP 03306-030.
Tel.: (11) 2295-8500 Fax: (11) 2295-8505
E-mail: sp_leste@happy-science.org

Região Oeste: Rua Grauçá, 77, Vila Sônia, São Paulo, SP,
CEP 05626-020. Tel.: (11) 3061-5400
E-mail: sp_oeste@happy-science.org

JUNDIAÍ
Rua Congo, 447, Jd. Bonfiglioli,
Jundiaí, SP, CEP 13207-340
Tel.: (11) 4587-5952
E-mail: jundiai@happy-science.org

RIO DE JANEIRO
Largo do Machado, 21 sala 607, Catete
Rio de Janeiro, RJ, CEP 22221-020
Tel.: (21) 3243-1475
E-mail: riodejaneiro@happy-science.org

SOROCABA
Rua Dr. Álvaro Soares, 195, sala 3, Centro,
Sorocaba, SP, CEP 18010-190
Tel.: (15) 3232-1510
E-mail: sorocaba@happy-science.org

SANTOS
Rua Itororó, 29, Centro,
Santos, SP, CEP 11010-070
Tel.: (13) 3219-4600
E-mail: santos@happy-science.org

Templos da Happy Science pelo Mundo

A Happy Science é uma organização com vários templos distribuídos pelo mundo. Para obter uma lista completa, visite o site internacional (em inglês): www.happyscience.org.

Localização de alguns dos muitos templos da Happy Science no exterior:

JAPÃO
Departamento Internacional
6F 1-6-7, Togoshi, Shinagawa, Tokyo, 142-0041, Japan
Tel.: (03) 6384-5770 Fax: (03) 6384-5776
E-mail: tokyo@happy-science.org
Website: www.happy-science.jp

ESTADOS UNIDOS
Nova York
79 Franklin Street, New York, NY 10013
Tel.: 1- 212-343-7972 Fax: 1-212-343-7973
E-mail: ny@happy-science.org
Website: www.happyscience-ny.org

Los Angeles
1590 E. Del Mar Boulevard, Pasadena, CA 91106
Tel.: 1-626-395-7775 Fax: 1-626-395-7776
E-mail: la@happy-science.org
Website: www.happyscience-la.org

São Francisco
525 Clinton Street, Redwood City, CA 94062
Tel./Fax: 1-650-363-2777
E-mail: sf@happy-science.org
Website: www.happyscience-sf.org

Havaí
1221 Kapiolani Blvd, Suite 920, Honolulu
HI 96814, USA
Tel.: 1-808-537-2777
E-mail: hawaii-shoja@happy-science.org
Website: www.happyscience-hi.org

AMÉRICAS CENTRAL E DO SUL

MÉXICO
E-mail: mexico@happy-science.org
Website: www.happyscience.jp/sp

PERU
Av. Angamos Oeste, 354, Miraflores, Lima, Perú
Tel.: 51-1-9872-2600
E-mail: peru@happy-science.org
Website: www.happyscience.jp/sp

EUROPA

INGLATERRA
3 Margaret Street, London W1W 8RE, UK
Tel.: 44-20-7323-9255 Fax: 44-20-7323-9344
E-mail: eu@happy-science.org
Website: www.happyscience-eu.org

ALEMANHA
Klosterstr.112, 40211 Düsseldorf, Germany
Tel.: 49-211-9365-2470 Fax: 49-211-9365-2471
E-mail: germany@happy-science.org

FRANÇA
56 rue Fondary 75015, Paris, France
Tel.: 33-9-5040-1110 Fax: 33-9-5540-1110
E-mail: france@happy-science-fr.org
Website: www.happyscience-fr.org

Outros Livros de Ryuho Okawa

O Caminho da Felicidade:
Torne-se um Anjo na Terra

Mude Sua Vida, Mude o Mundo:
Um Guia Espiritual para Viver Agora

A Mente Inabalável:
Como Superar as Dificuldades da Vida

As Leis da Salvação:
Fé e a Sociedade Futura

O Próximo Grande Despertar:
Um Renascimento Espiritual

Ame, Nutra e Perdoe:
Um Guia Capaz de Iluminar Sua Vida

As Leis do Sol:
O Caminho Rumo a El Cantare
Ensinamentos de Buda para a Nova Era

As Leis Douradas:
O Caminho para um Despertar Espiritual

As Leis da Eternidade:
Desvendando os Segredos do Mundo Espiritual

As Leis da Felicidade:
Os Quatro Princípios Que Trazem a Felicidade

Renascimento de Buda:
Uma Mensagem aos Discípulos de Vínculos Passados

O Ponto de Partida da Felicidade:
Um Guia Prático e Intuitivo para a Descoberta
do Amor, da Sabedoria e da Fé

Pensamento Vencedor:
Estratégias para Transformar o Fracasso em Sucesso

Mensagens de Jesus Cristo:
A Ressurreição do Amor

Mensagens Celestiais de Masaharu Taniguchi:
Mensagem ao Povo da Terra

As Chaves da Felicidade:
10 Princípios para Manifestar a Sua Natureza Divina

Curando a Si Mesmo:
A Verdadeira Relação entre o Corpo e o Espírito